# STRUM & SING

# COFFEEHOUSE SONGS FOR UKULELE

ISBN: 978-1-4950-0242-7

HAL•LEONARD®

Visit Hal Leonard Online at
**www.halleonard.com**

Contact us:
**Hal Leonard**
7777 West Bluemound Road
Milwaukee, WI 53213
Email: info@halleonard.com

In Europe, contact:
**Hal Leonard Europe Limited**
42 Wigmore Street
Marylebone, London, W1U 2RN
Email: info@halleonardeurope.com

In Australia, contact:
**Hal Leonard Australia Pty. Ltd.**
4 Lentara Court
Cheltenham, Victoria, 3192 Australia
Email: info@halleonard.com.au

# All I Want
**from the Motion Picture Soundtrack THE FAULT IN OUR STARS**

Words and Music by James Flannigan,
Stephen Garrigan, Mark Prendergast
and Vincent May

C     F     G     Am     Em     Dm

*Intro*

‖: C    |    |    |    :‖

*Verse 1*

C   |   |F  |C   |   |   |
All I want is nothing more.

 |   |   |G  |Am  |   |   |
To hear you knocking at my door.

    |F  |   |   |C   |   |   |
'Cause if I could see your face once more,

    |F  |   |   |C   |   |   |   ‖
I could die a happy man, I'm sure.

*Verse 2*

C    |   |F  |C   |   |   |
When you said your last good - bye

 |   |  |G  |Am  |   |   |
I died a little bit in - side.

|F  |   |   |C   |   |   |
I lay in tears in bed all night,

 |F  |   |   |  |C   |   |Em
A - lone with - out you by my side.

**Chorus 1**

```
    |        ‖Am  |       |         |
But  if you  loved  me,
            |F   |       |        |
Why'd you leave me?
           |C   |        |        |
Take my  bod - y,
          |G   |         |        |
Take my  bod - y.
     |Am  |          |
All I  want  is
    |    |F   |          |
And  all I need  is
    |            |C   |         |
To  find some - bod - y.
    |            |G   |        |        |
I'll  find some - bod - y…
```

**Interlude 1**

```
      ‖C    |         |F    |C    |       |       |        |
Like  you,   oh.
           |          |G   |Am   |       |       |        |
Oh.
F          |        |        |
Ooh.
C          |        |        |
      |F   |        |        |
Like  you.
C          |        |        |
```

**Verse 3**

```
      ‖C        |         |F    |C    |       |        |
So  you brought out the  best of  me,
      |        |         |G    |Am   |       |        |
A part of  me I'd never  seen.
      |F        |         |        |C    |       |        |
You took my  soul and  wiped it clean,
      |F        |         |        |C    |           |Em
Our  love was  made for  movie  screens.
```

5

**Chorus 2**

|     ‖ **Am** |     |     |
But if you loved me,

    | **F**   |     |     |
Why'd you leave me?

     | **C**  |     |     |
Take my bod - y,

     | **G**  |     |     |
Take my bod - y.

 | **Am** |     |
All I want is

    |   | **F**  |     |
And all I need is

    |     | **C**  |     |
To find some - bod - y.

    |     | **G**  |     |     | ‖
I'll find some - bod - y.

**Guitar Solo 1**

| **Dm**     |     |     |     |
| **G**     |     |     |     |
| **Dm**     |     |     |     |
| **G**     |     |     |     |
|     |     |     |     | ‖

Oh.

**Interlude 2**

| **Am**     |     |     |     |
              Oh.

| **F**     |     |     |     |
              Oh.

| **C**     |     |     |     |
| **G**     |     |     |     |
              Oh.

| **Am**     |     |     |     |
              Oh.

| **F**     |     |     |     |
              Oh.

| **C**     |     |     |     |
| **G**     |     |     |     | ‖

***Guitar Solo 2***

```
|Am      |       |       |       |
|F       |       |       |       |
|C       |       |       |       |
|G       |       |       |       |
|Am      |       |       |       |
|F       |       |       |       |
|C       |       |       |       |
|G       |       |
```

***Outro-Chorus***

```
       |    ‖Am  |       |       |
But  if you  loved  me,
               |F      |       |       |
Why'd you  leave   me?
            |C   |       |       |
Take my  bod - y,
             |G   |       |       |
Take my  bod - y.

   |Am  |       |
All I  want  is
       |   |F   |       |
And all  I   need  is
   |           |C   |       |
To  find some - bod - y.
       |           |G   |       |       |
I'll  find some - bod - y
       |C   |       |F   |       |C   |       ‖
Like  you.
```

# Babylon

Words and Music by
David Gray

Dmaj9    G    Em    D    A    F#m

**Intro**

‖:**Dmaj9**      |**G**              |
|**Dmaj9**      |**G**              :‖


**Verse 1**

**Dmaj9**                              |
Friday night an' I'm going nowhere,
**G**                          |**Dmaj9**    |**G**          |
All the lights are changing green ___ to red.
**Dmaj9**                    |
Turning over TV stations,
**G**                          |**Dmaj9**    |**G**          |
Situations running through my ___ head.
**Dmaj9**                              |**G**
Looking back through time, you know, it's clear

                      |**Dmaj9**        |**G**
That I've been blind, I've been a fool
      |**Dmaj9**              |**G**
To open up my heart to all that jealousy,
                      |**Dmaj9**    |**G**    |**Em**    |          ‖
That bitterness, that ___ ridicule.

*Verse 2*

**Dmaj9**
Saturday I'm running wild

   |**G**                         |**Dmaj9**      |**G**
An' all the lights are changin', red ___ to green.

**Dmaj9**                           |
Moving through the crowds, I'm pushin',

**G**                    |**Dmaj9**     |**G**
Chemicals are rushing in my bloodstream.

      |**Dmaj9**                 |**G**
Only wish that you were here, you know, I'm seeing it so clear,

        |**Dmaj9**   |**G**
I've been a - fraid

       |**Dmaj9**
To show you how I really feel,

  |**G**                |**Dmaj9**     |**G**     ‖
Admit to some of those bad mis - takes I've made.

*Chorus 1*

**D**           |**A**         |**Em**     |**F#m**   |**D**
   And if you want it,   come an' get it,   for cryin' out loud.

           |**A**      |**Em**   |**G**   |**D**
The love that I was   givin' you was   never in ___ doubt.

         |**A**        |**Em**   |**A**   |**D**
Let go of your heart, ___ let go of your head, ___ and feel it ___ now.

         |**A**        |**Em**   |**A**   |
Let go of your heart, ___ let go of your head, ___ and feel it ___ now.

  |**Dmaj9**   |**G**   |**Dmaj9**   |**G**   |
Babylon, _____        Babylon, _____

  |**Dmaj9**   |**G**   |**Dmaj9**   |**G**   ‖
Babylon. _____

*Verse 3*

**Dmaj9**              |
Sunday all the lights in London

**G**           |**Dmaj9**       |**G**          |
Shining sky is fading _____ red to blue.

**Dmaj9**
Kicking through the autumn leaves,

  |**G**                  |**Dmaj9**       |**G**          |
I'm wondering where it is you might be _____ going to.

**Dmaj9**               |**G**
Turning back for home, you know I'm feeling so alone,

     |**Dmaj9**      |**G**       |
I can't be - lieve.

**Dmaj9**           |**G**
Climbing on the stair, I turn a - round to see you smiling

     |**Dmaj9**      |**G**      ‖
There in _____ front of me.

*Chorus 2*

**D**           |**A**        |**Em**          |**F♯m**     |**D**
  And if you want it,   come an' get it,   for cryin' out loud.

     |**A**       |**Em**    |**G**     |**D**
The love that I was   givin' you was   never in ___ doubt.

     |**A**       |**Em**    |**A**     |**D**
Let go of your heart, ___ let go of your head, ___ and feel it ___ now.

     |**A**       |**Em**    |**A**     |**D**
Let go of your heart, ___ let go of your head, ___ and feel it ___ now.

     |**A**       |**Em**    |**A**     |**D**
Let go of your heart, ___ let go of your head, ___ and feel ___ it.

     |**A**       |**Em**    |**A**     |
Let go of your heart, ___ let go of your head, ___ and feel it ___ now.

  |**Dmaj9**   |**G**   |**Dmaj9**    |**G**
Babylon, _____       Babylon, _____

  |**Dmaj9**   |**G**   |**Dmaj9**    |**G**
Babylon, _____       Babylon. _____

  |**Dmaj9**   |**G**             |**Dmaj9**   |  |  |  ‖
Babylon. ___ Why, ___ why, why, why, why, why?

# Banana Pancakes

Words and Music by
Jack Johnson

Am7    G7    D7    C7    D    Bm7    Em    Em(maj7)    C    G

**Intro**

N.C. |Am7            |G7            |

                             |Am7            |

Well, can't you see that it's just raining?

                   |G7            |

There ain't no need to go out - side.

**Verse 1**

     **D7**      ‖**G7**      **D7**     |

But baby, you hardly even notice

**Am7**      **C7**      |**G7**

When I try to show you this song,

          **D7**      |**Am7**      **C7**    |

It's meant to keep you from doing what you're s'posed to.

**G7**      **D7**    |

Waking up too early,

**Am7**      **C7**    |

Maybe we could sleep in.

**G7**      **D7**

Make you banana pancakes,

    |**Am7**      **C7**  |**Am7**   |

Pre - tend like it's the weekend now.

          |**G7**     |

And we could pretend it all the time, yeah.

        |**Am7**    |

Can't you see that it's just raining?

         |**G7**     |

There ain't no need to go out - side.

*Verse 2*

<pre>
        D7        ‖G7        D7              |
But just maybe ha - la ka uku - lele,

Am7          C7
Mama made a baby.

    |G7                  D7
(I) really don't mind the practice,

      |Am7          C7              |
'Cause you're my little lady.

G7          D7
Lady, lady, love me,

        |Am7          C7        |
'Cause I love to lay here, lazy.

G7                  D7
We could close the curtains,

      |Am7              C7      |Am7          |
Pre - tend like there's no world out - side.

                          |G7          |
And we could pretend it all the time, no.

                      |Am7        |
Can't you see that it's just raining?

                          |G7          |
There ain't no need to go out - side.

                      |Am7          |
Ain't no need, ain't no need.

                      |G7          |
Mm, mm, mm, mm.

                      |Am7          |
Can't you see, can't you see?

                      |G7            |
Rain all day and I don't mind.
</pre>

**Bridge**

‖**Am7** |
But the telephone is singing, ringing;

|**D** |
It's just too early, don't pick it up.

We don't need to;

|**Am7**
We got ev'rything we need right here,

| |**D** |
And everything we need is enough.

|**Bm7** |
(It's) just so easy when the whole world fits in - side of your arms.

|**Em** **Em(maj7)** |**C**
Do we really need to pay attention to the alarm?

|**G**
Wake up slow.

|**D7**
Mm, mm.

|**G** |
Wake up slow.

**Verse 3**          *Repeat Verse 1*

**Outro**

|**Am7** |
Ain't no need, ain't no need.

|**G7** |
Rain all day and I real - ly, really, really don't mind.

|**Am7** |
Can't you see, can't you see?

|**G** ‖
We've got to wake up slow.

# Black Horse and the Cherry Tree

Words and Music by
Katie Tunstall

Em    B7    D    C

**Intro**

| **Em**        |**B7**   **Em**
(Woo, hoo,    woo, hoo,

|              |**B7**   **Em**
Woo, hoo,    woo, hoo.)

**Verse 1**

‖**N.C.**
Well, my heart knows me better than I know myself

|
So I'm gonna let it do all the talkin'.

|**Em**        |**B7**   **Em**
(Woo, hoo,    woo, hoo.)

|**N.C.**
I came across a place in the middle of nowhere

|
With a big black horse and a cherry tree.

|**Em**        |**B7**   **Em**
(Woo, hoo,    woo, hoo.)

|**N.C.**
I fell in fear upon my back.

|
I said, "Don't look back, just keep on walking."

|**Em**        |**B7**   **Em**
(Woo, hoo,    woo, hoo.)

|**N.C.**
When the big black horse that looked this way, he said,

|
"Hey, lady will you marry me?"

|**Em**        |**B7**
(Woo, hoo,    woo, hoo.)

*Chorus 1*

‖**Em  D** |    **C**
But I said, "No, no, no, no, no, no."

|**Em  D** |**C**                              **Em**                |
I said, "No, no, you're not the one for me.

      **D** |     **C**
No, no, no, no, no, no."

|**Em  D** |**C**    **N.C.**            |**Em**                |
I said, "No, no, you're not the one for me."

                                                    (Hoo, woo, woo.)


*Verse 2*

        ‖**N.C.**
And my heart had a problem in the early hours

        |
So I stopped it dead for a beat or two.

        |**Em**             |**B7**       **Em**
(Woo, hoo,      woo, hoo.)

        |**N.C.**
But I cut some cord and I shouldn't have done that,

        |
And it won't forgive me after all these years.

        |**Em**             |**B7**       **Em**
(Woo, hoo,      woo, hoo.)

        |**N.C.**
So I sent her to a place in the middle of nowhere

        |
With a big black horse and a cherry tree.

        |**Em**             |**B7**       **Em**
(Woo, hoo,      woo, hoo.)

        |**N.C.**
Now it won't come back 'cause it's oh, so happy

        |
And now I got a hole for the world to see.

        |**Em**             |**B7**       **Em**
(Woo, hoo,      woo, hoo.)

**Chorus 2**

```
            ‖Em  D |    C
And it said, "No, no, no, no, no, no."
        |Em D    |C                    Em        |
It said, "No, no, you're not the one for me.
        D |    C
No, no, no, no, no, no."
        |Em  D  |C  N.C.          |Em              |
It said, "No, no, you're not the one for me."
                                    (Hoo,    woo, hoo.)

                |               |
Not the one for me, yeah.
                    (Hoo,    woo, hoo.)
        |N.C.              |              |
It said,      "No, no, no, no,    no, no, no.

            |
No, no, you're not the one for me.
            |              |
(Woo, hoo,            woo, hoo,)
        No, no, no, no,         no, no, no,
        |              |                    ‖
(Woo, hoo.) No, no, you're not the one for me.
```

**Outro**

```
Em          D    |              C      |Em
   Big black horse    and a cherry tree.
            D
I can't quite get there
        |C            Em                  |
'Cause my heart's forsaken me, yeah, yeah, yeah.
        D   |C                  Em      |
Big black horse    and a cherry tree.
            D              |C   N.C.            ‖
I can't quite get there 'cause my heart's forsaken me.
```

# Come On Get Higher

Words and Music by Matt Nathanson
and Mark Weinberg

A      Dsus2      E      F#m

21        23      3331    213

**Intro**

‖: A      Dsus2  | A            :‖

**Verse 1**

A                 Dsus2   | A            |
I miss the sound of your voice,

                Dsus2   | A            |
And I miss the rush of your skin.

                Dsus2  | A
And I miss the still of the si - lence

         |              Dsus2   | E
As you breathe out,     and I ___ breathe in.

**Pre-Chorus 1**

‖ Dsus2
If I could walk on water,

| A
If I could tell you what's next,

| F#m
I'd make you believe,

| E
I'd make you forget.

**Chorus 1**

    ‖**Dsus2**                    **A**
So, come on, get higher. Loosen my lips.

    |**Dsus2**                    **A**
Faith and desire in the swing of your hips.

    |**Dsus2**       **A**     |**F♯m**        **E**
Just pull me down hard and drown me in love.

    |**Dsus2**                  **A**
So, come on, get higher. Loosen my lips.

    |**Dsus2**                  **A**
Faith and desire in the swing of your hips.

    |**Dsus2**       **A**     |**F♯m**        **E**       ‖
Just pull me down hard and drown me in love.

**Verse 2**

**A**                **Dsus2**   |**A**      |
   I miss the sound of your voice,

               **Dsus2**   |**A**      |
The loudest thing in my head.

        **Dsus2**     |**A**
And I ache to remem - ber

      |           **Dsus2**   |**E**
All the vi - olent, sweet, perfect words that you said.

**Pre-Chorus 2**

*Repeat Pre-Chorus 1*

**Chorus 2**

*Repeat Chorus 1*

**Bridge**

**Dsus2**                   |**F♯m**
   I miss the pull of your heart.

                  |**A**
I taste the sparks on your tongue.

            |**E**           |**Dsus2**
And I see angels and dev - ils and God when you come on.

    |**F♯m**       |**E**      |      ‖
Hold ___ on, hold on, hold on, hold on, love.

**Interlude**

```
A       Dsus2      |A              |           Dsus2
           Sing, sha, la, la, la.
           |A
Sing, sha, la, la, la, la.
           |          Dsus2     |A
Hoo, _____ hoo.
           |          Dsus2     |E            ‖
Hoo, oo, hoo, ___ hoo,    oo.
```

**Chorus 3**

```
Dsus2                         A
Come on, get higher. Loosen my lips.
   |Dsus2                       A
Faith and desire in the swing of your hips.
    |Dsus2            A     |F♯m           E
Just pull me down hard    and drown me in love.
    |Dsus2                       A
So, come on, get higher. Loosen my lips.
    |Dsus2                       A            |
Faith and desire in the swing of your hips.
Dsus2                 A      |F♯m          E          ‖
Pull me down hard      and drown me, drown me in love.
```

**Outro**

```
   Dsus2                    A   |Dsus2    A
(Come on, get higher…) It's all wrong. _____ It's all wrong.
   Dsus2                   A   |F♯m
(Pull me down hard…) It's all _____ right.
E        |Dsus2         A        |Dsus2           A
So, come on, ___ get high - er. Come on, ___ get high - er.
           |Dsus2        A      |F♯m
'Cause ev' - rything works, love, ev' - rything works
E        |Dsus2         ‖
In your ___ arms.
```

# Budapest

Words and Music by George Barnett
and Joel Pott

F    B♭    C

**Intro**

|F    |    |    |    ||

**Verse 1**

F
My house in Budapest, my, ___ my hidden treasure chest,

Golden grand piano, ___ my beautiful Castillo.
B♭    |    |F    |    ||
You, hoo, you, oo, I'd leave it all.

**Verse 2**

F    |    |
My acres of a, land    I've achieved,

It may be hard for you to ___ stop and believe.
|B♭    |    |F    |
But for you, hoo, you, oo, I'd leave it all.
|B♭    |    |F    |    ||
Oh, for you, hoo, you, oo, I'd leave it all.

**Chorus 1**

C
Gimme one good reason
|B♭    |    |F    |    |
Why I ___ should never make a change.
C    |B♭    |F    |    ||
Baby, if you hold me then all ___ of this will go away.

**Verse 3**

F    |    |
My many artifacts, ___ the list goes on.

If you just say the words, I, ___ I'll up and run on to
B♭    |    |F    |
You, hoo, you, oo, I'd leave it all.
|B♭    |    |F    |    ||
Oh, for you, hoo, you, oo, I'd leave it all.

*Chorus 2*

C
Gimme one good reason
     |B♭            |F    |    |
Why I ___ should never make a change.
C                    |B♭        |F   |    |
Baby, if you hold me then all ___ of this will go away.
C
Gimme one good reason
     |B♭           |F    |   |
Why I ___ should never make a change.
C                    |B♭       |F   |    ‖
Baby, if you hold me then all ___ of this will go away.

*Interlude*

|F    |    |    |
|B♭   |   |F    |   ‖

*Verse 4*

F                 |          |
     My friends and family, they ___ don't understand.
                 |
They fear they'll lose so much if ___ you take my hand.
     |B♭   |   |F   |
But for you, hoo, you, oo, I'd lose it all.
     |B♭   |   |F   |   ‖
Oh, for you, hoo, you, oo, I'd lose it all.

*Chorus 3*

*Repeat Chorus 2*

*Outro-Verse*

F                  |          |
     My house in Budapest, my, ___ my hidden treasure chest,
             |       |
Golden grand piano, ___ my beautiful Castillo.
B♭   |   |F   |
You, hoo, you, oo, I'd leave it all.
     |B♭   |   |F  ‖
Oh, for you, hoo, you, oo, I'd leave it all.

# Chasing Cars

Words and Music by Gary Lightbody,
Tom Simpson, Paul Wilson,
Jonathan Quinn and Nathan Connolly

A      E      Dsus2

2 1     3 3 3 1     2 3

**Verse 1**

|**A**    |    |**E**    |    |**Dsus2** |    |**A**    |    |    |
    We'll do it all,       ev'rything ___ on our own.

|**E**    |    |**Dsus2** |    |**A**    |
We don't need       anything ___ or anyone.

**Chorus 1**

‖**A**    |    |**E**    |    |
If I lay here, if I just lay here,

|**Dsus2**    |    |**A**    |    ‖
Would you lie with me and just forget the world?

**Verse 2**

|**A**    |    |**E**    |    |**Dsus2** |    |**A**    |    |    |
    I don't quite know       how to say ___ how I feel.

|**E**    |    |**Dsus2**    |    |**A**    |
Those three words,       I said too much, ___ then not enough.

**Chorus 2**

  ‖**A** |  |**E**  |
If I lay here, if I just lay here,

    |**Dsus2**  |    |**A**  |
Would you lie with me and just forget the world?

**Verse 3**

    ‖**A** |   |**E**  |
Forget what we're told before we get too old.

   |**Dsus2**  |    |**A**  |  |
Show me a garden that's bursting into life.

      |**E**    |**Dsus2** |    |**A**  |
Let's waste time ___ chasing cars ___ a - round our heads.

**Chorus 3**

  ‖**A** |  |**E**  |
If I lay here, if I just lay here,

   |**Dsus2**  |    |**A**  |
Would you lie with me and just forget the world?

**Verse 4**

  ‖**A** |  |**E**  |
All that I am, all that I ever was

   |**Dsus2**  |    |**A**  |
Is here in your perfect eyes, they're all I can see.

    |  |    |**E**  |
I don't know where, confused about how as well.

   |**Dsus2**    |   |**A**  |
Just know that these things will never change for us at all.

**Outro-Chorus**

*Repeat Chorus 1*

# Constant Craving

Words and Music by k.d. lang
and Ben Mink

Em    Bm7    Dsus²₄    Csus2    D7    Gmaj7

Em7    Fmaj7    Fsus2    Gsus2    G    D

**Intro**

‖: Em | Bm7 | Dsus²₄ | Csus2 |
| Em | Bm7 | Dsus²₄ | | :‖

**Verse 1**

Em | Bm7 | Dsus²₄ | Csus2 |
E - ven through the ___ darkest phase,

Em | Bm7 | Dsus²₄ | | |
Be it thick or ___ thin,

Em | Bm7 | Dsus²₄ | Csus2 |
Al - ways someone ___ marches brave

Em | Bm7 | Dsus²₄ ‖
Here be - neath my ___ skin.

**Pre-Chorus 1**

Csus2 | D7 | Gmaj7 | Em7
Con - stant crav - ing

| Fmaj7 | Fsus2 Em | | ‖
Has al - ways _____ been.

*Verse 2*

```
Em    |Bm7        |Dsus⁴₂       |Csus2      |
May  -  be a great ___ magnet pulls
Em   |Bm7          |Dsus⁴₂       |          |Em
All     souls towards ___ truth.
         |Bm7   |Dsus⁴₂     |Csus2      |
Or may - be it is ___ life it - self
               |Em   |Bm7    |Dsus⁴₂
That feeds wis - dom ___ to its youth.
```

*Pre-Chorus 2*     *Repeat Pre-Chorus 1*


*Chorus 1*

```
Gsus2 |Csus2    |
Crav    -    ing.
    |G       |              |Csus2    |
Ah, ah, _____ constant crav    -    ing
    |D    |        |Csus2    |
Has al  - ways ___ been,
    |D    |        |Csus2    |        |        ‖
Has al  - ways ___ been.
```


*Instrumental*     *Repeat Intro*


*Pre-Chorus 3*     *Repeat Pre-Chorus 1*


*Pre-Chorus 4*

```
Csus2     |D7     |Gmaj7 |Em7
Con  -  stant  crav - ing
     |Fmaj9 |Fsus2      |G
Has al    -    ways _____ been.
```


*Chorus 2*

```
Gsus2 |Csus2    |
Crav    -    ing.
    |Gsus2 |G           |Csus2    |
Ah, ah, _____ constant crav    -    ing
    |D    |        |Csus2    |
Has al  - ways ___ been,
    |D    |        |Csus2    |
Has al  - ways ___ been,
    |D    |        |Csus2    |
Has al  - ways ___ been,
    |D    |        |Csus2    |
Has al  - ways ___ been,
    |D    |        |Csus2    |
Has al  - ways ___ been,
    |D    |        |Csus2    |        |
Has al  - ways ___ been.
‖:D          |              |Csus2    |        :‖
```

# Don't Know Why

Words and Music by
Jesse Harris

Cmaj7    C7    F    E+    Am7    D7    G7sus4

C    Am7*    D13    G7    G    G6

**Intro**

|Cmaj7  C7    |F      E+  |Am7    D7        |G7sus4

**Verse 1**

‖Cmaj7  C7        |F          E+  |Am7
I    waited till I __ saw ___ the sun.

        D7      |G7sus4  C    |Cmaj7
I don't know why __ I didn't  come.

        C7      |F          E+  |Am7
I left you by __ the house ___ of fun.

        D7      |G7sus4  C
I don't know why __ I didn't come,

|Am7        D7    |G7sus4  C    ‖
I    don't know why I didn't come.

**Verse 2**

Cmaj7    C7            |F      E+  |Am7
  When I saw __ the break    of day,

        D7      |G7sus4  C    |Cmaj7
I wished that I __ could fly    away

        C7      |F          E+  |
'Stead of kneeling in    the sand

Am7    D7      |G7sus4  C
Catching teardrops in my hand.

**Bridge 1**

‖Am7*　　|D13　　|G7　　　|

My heart is drenched in wine,

　|Am7* |D13　|G　　G7 |G6　　G7　　　　‖

But you'll be on __ my mind　for - ev - er.

**Verse 3**

Cmaj7 C7　　　　|F　　E+ |Am7

　Out across the endless sea,

　　　　D7　|G7sus4　C　　|Cmaj7

I would die __ in ecstasy.

　　　C7　　|F　　　E+　|

But I'll be __ a bag of bones

Am7　　D7　　　　|G7sus4　C

Driving down __ the road alone.

**Bridge 2**

*Repeat Bridge 1*

**Piano Solo**

‖:Cmaj7　C7　|F　　　E+ |Am7　D7　G7sus4|　　　　:‖

**Verse 4**

Cmaj7　　C7　　　|F　　E+ |Am7

　Something has _ to make you run.

　　　　D7　|G7sus4　C

I don't know why __ I didn't come.

|Cmaj7　C7　　|F　　　E+ |Am7

I　feel as emp - ty as ___ a drum.

　　　D7　|G7sus4　C

I don't know why __ I didn't come,

|Am7　　　　D7　　|G7sus4　C

I　don't know why __ I didn't come.

|Am7　　　　D7　|G7sus4　C　　　‖

I ___ don't know why __ I didn't come.

# Fallin' for You

Words and Music by Colbie Caillat
and Rick Nowels

F    Fmaj7    B♭sus2    Csus4    Gm7    Am    Dm7    Dm    B♭    Am7

**Intro**

|F        |Fmaj7      |B♭sus2    |Csus4    |
|F        |Fmaj7      |B♭sus2    |Csus4    ‖

**Verse 1**

    F                    |Fmaj7                |B♭sus2
    I don't know, but    I think I may be
        |Csus4                     |F
Fallin for you,    dropping so quickly.
       |Fmaj7              |B♭sus2
Maybe I should    keep this to myself,
    |Csus4
Wait until I    know you better.

**Pre-Chorus 1**

    ‖B♭sus2    |F              |Gm7
I am trying not to tell you, but I want to.
    |F
I'm scared of what you'll say,
    |B♭sus2        |Am          Dm7
And so I'm hiding what I'm feeling,
    |Gm7      F    |B♭sus2    Csus4        ‖
But I'm tired    of    holding this in - side my head.

**Chorus 1**

```
          F                        |Fmaj7                      |B♭sus2
          I've been spending all my      time just thinking 'bout you.
                                  |Csus4                    |F
I don't know what to do.      I think I'm falling for you.
                                  |Fmaj7                |B♭sus2
I've been waiting all my      life, and now I found you.
                                  |Csus4                    |F      |Fmaj7
I don't know what to do.      I think I'm falling for you.
                          |B♭sus2      |Csus4          ‖
I'm falling for you.
```

**Verse 2**

```
          F                        |Fmaj7                  |B♭sus2
          As I'm standing here, and you hold my hand,
                              |Csus4                    |F
Pull me towards you,        and we start to dance.
                      |Fmaj7            |B♭sus2
All around us,        I see nobody.
                      |Csus4
Here in silence,        it's just you and me.
```

**Pre-Chorus 2**

```
          ‖B♭sus2          |F          |Gm7
I'm trying not to tell you, but I want to.
          |F
I'm scared of what you'll say,
          |B♭sus2          |Am      Dm7
And so I'm hiding what I'm feeling,
          |Gm7      F      |B♭sus2      Csus4          ‖
But I'm tired        of        holding this in - side my head.
```

**Chorus 2**

*Repeat Chorus 1*

**Bridge**

Dm                       |       |Gm7
     Oh, I just can't take it.

                |      |B♭
My heart is rac - in'.

            |Am7        |Csus4      |         ‖
Emotions keep spilling out.


**Chorus 3**

F                        |Fmaj7                   |B♭sus2
    I've been spending all my      time just thinking 'bout you.

                    |Csus4               |F
I don't know what to do.     I think I'm falling for you.

                    |Fmaj7              |B♭sus2
I've been waiting all my      life, and now I found you.

                    |Csus4           |F    |Fmaj7
I don't know what to do.     I think I'm falling for you.

               |B♭sus2      |Csus4                  ‖
I'm falling for you.           I think I'm falling for you.


**Outro**

F                        |Fmaj7                   |B♭sus2
    I guess I'm thinking 'bout it.     I want you all around me.

                    |Csus4               |F
And now I just can't hide it.     I think I'm falling for you.

                    |Fmaj7              |B♭sus2
I guess I'm thinking 'bout it.     I want you all around me.

                    |Csus4                 |
And now I just can't hide it.     I  think I'm falling for you.

F        |Fmaj7
               |B♭sus2    |Csus4       |
I'm falling for you.

          |F         |Fmaj7       |B♭sus2    |Csus4
Oh, oh.      Oh, no,     no. Oh, oh, oh, oh, oh.

              |F       ‖
Oh, I'm fallin' for    you.

# First Day of My Life

Words and Music by
Conor Oberst

| F | A | Dm | B♭maj7 | C | G7 | Gm | E7sus4 | B♭m | C7 |
|---|---|----|--------|---|----|----|--------|-----|----|
| 2  1 | 2 1 | 2 3 1 | 3 2 1 | 3 | 2 1 3 | 2 3 1 | 2 3 | 3 1 1 1 | 1 |

**Intro**    ‖: F    A |Dm        |B♭maj7 C |F        :‖

**Verse 1**

        F        A        |Dm     |B♭maj7
This is the first day of my life.

        C      |F     |
I swear I was born right in the doorway.

        A        |Dm
I went out in the rain; and suddenly ev'rything changed.

        |G7     |C     ‖
They're spreading blankets on the beach.

**Verse 2**

        F        A        |Dm     |B♭maj7
Yours is the first face that I saw.

        C      |F     |
I think I was blind before I met you.

        A        |Dm
And I don't know where I am, I don't know where I've been,

        |G7     |C
But I know where I want to go.

*Chorus 1*

       ‖ **F**      **C**    |**Dm**
And so I thought I'd let you know,

       |**B♭maj7**     **C**
Yeah, these things take for - ever.

     |**F**     **A**   |**Dm**
I es - pecial - ly am slow,

     |**Gm**
But I realize that I need you,

     |                  |**F**
And I wondered if I could come home.

   **E7sus4** |**Dm**    |**Gm**    |**B♭m**    ‖
Mm, ___ mm. ___


*Verse 3*

**F**            **A**       |**Dm**    |**B♭maj7**
  Remember the time you drove all night

    **C**      |**F**     |
Just to meet me in the morning?

              **A**          |**Dm**
And I thought it was strange; you said ev'rything changed.

     |**G7**      |**C**   **C7**     ‖
You felt as if you'd just woke up.   And you said:


*Verse 4*

**F**     **A**     |**Dm**    |**B♭maj7**
  This is the first day of my life.

       **C**     |**F**     |
I'm glad I didn't die before I met you.

       **A**      |**Dm**
But now I don't care; I could go any - where with you

   |**G7**     |**C**   **C7**
And I'd prob'bly be hap - py,

*Chorus 2*

```
                ‖F     C    |Dm
So, if you wanna be with me,
                |B♭maj7            C
With these things there's just no telling;
                |F     A       |Dm
We just have to wait and see.
                              |Gm
But I'd rather be working for a paycheck
                |                      |F
Than wait - ing to win the lotter - y.
    E7sus4    |Dm
Oh, ____ mm. ____
                    |Gm
Besides, may - be this time is diff'rent.
        |                          |F       E7sus4      |Dm
I mean, I really think you'll like me, ee, ee, ee,
   |Gm         |B♭m         ‖
Ee, ____  ee,     ee.
```

*Outro*     ‖F     E7sus4 |Dm        |Gm        |B♭m        |F                    ‖

# Hallelujah

Words and Music by
Leonard Cohen

C    G    Am    F    E7

*Intro*        |C      |G

*Verse 1*

           ‖C         |Am
Now, I've heard there was a secret chord
    |C         |Am
That David played, and it pleased the Lord,
    |F      |G        |C     |G
But you don't really care for music, do ya?
    |C        |F     G
It goes like this, the fourth, the fifth,
    |Am         |F
The minor fall, the major lift.
    |G        |E7       |Am      |
The baffled king com - posing "Halle - lujah."

*Chorus 1*

           ‖F   |     |Am   |
Halle - lujah!    Halle - lujah!
      |F   |       |C |G |C |G
Halle - lujah!    Halle - lu  -  jah!

*Verse 2*

           ‖C         |Am
Your faith was strong, but you needed proof.
    |C         |Am
You saw her bathing on the roof.
    |F      |G        |C     |G
Her beauty and the moonlight over - threw ya.
    |C        |F     G
She tied you to her kitchen chair,
    |Am           |F
She broke your throne and she cut your hair,
    |G        |E7       |Am      |
And from your lips she drew the halle - lujah.

**Chorus 2**          *Repeat Chorus 1*

‖ C        |Am        |

**Verse 3**        You say I took the Name in vain,

C        |Am

I don't even know the Name,

|F      |G      |C     |G

But if I did, well, really, what's it to ya?

|C      |F    G

There's a blaze of light in ev'ry word,

|Am      |F

It doesn't matter which you heard,

|G      |E7      |Am      |

The holy or the broken halle - lujah.

**Chorus 3**          *Repeat Chorus 1*

‖ C        |Am

**Verse 4**        *I did my best, it wasn't much.*

|C        |Am

*I couldn't feel, so I tried to touch.*

|F      |G      |C     |G

*I've told the truth, I didn't come to fool ya.*

|C      |F    G

And even though it all went wrong,

|Am      |F

I'll stand before the Lord of song

|G      |E7      |Am      |

With nothing on my tongue    but "Halle - lujah."

|: F      |      |Am      |

**Chorus 4**        Halle - lujah!    Halle - lujah!

|F      |      |C   |G

Halle - lujah!    Halle - lu - jah!

|F      |      |Am      |

Halle - lujah!    Halle - lujah!

|F      |      |C   |G

Halle - lujah!    Halle - lu - jah!

:‖   ***Repeat & fade***

Halle -

# Have It All

Words and Music by Jason Mraz,
Jacob Kasher Hindlin and David Hodges

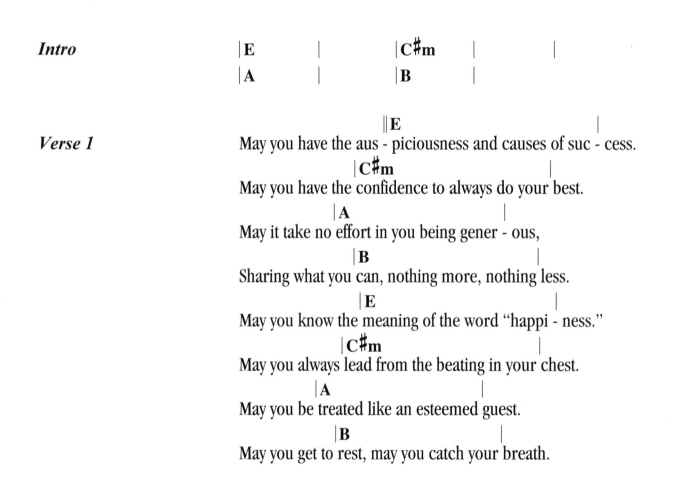

**Intro**

| E | | C#m | | |

| A | | B | |

**Verse 1**

‖ E |

May you have the aus - piciousness and causes of suc - cess.

| C#m |

May you have the confidence to always do your best.

| A |

May it take no effort in you being gener - ous,

| B |

Sharing what you can, nothing more, nothing less.

| E |

May you know the meaning of the word "happi - ness."

| C#m |

May you always lead from the beating in your chest.

| A |

May you be treated like an esteemed guest.

| B |

May you get to rest, may you catch your breath.

**Pre-Chorus 1**

‖C♯m
And may the  best of your todays

   |A                               |A    |B
Be the worst of your tomorrows,   whoa.

      |C♯m
And may the road less paved

   |A                  |E     |B  N.C.
Be the road that you follow, ___ whoa.

**Chorus 1**

      ‖E            |               |
Well,  here's to the hearts that  you gon' break.

B                 |             |
Here's to the lives that you gon' change.

C♯m            |             |A
Here's to the infinite  possible ways to love you.

      |            |
I want you to have it.

E                 |
Here's to the good times we gonna have.

   |B              |        |
You don't need money; you got free pass.

C♯m            |           |A
Here's to the fact that I'd be sad without you.

   |   N.C.          ‖
I want you to have it all.

**Interlude 1**

E     |
All,

        |B         |
I want you to have it all.

        |C♯m    |
I want you to have it.

        |A        |
I want you to have it all.

*Verse 2*

                 ‖**E**           |
May you be as fasci - nating as a slap brace - let.

         |**C♯m**           |
May you keep the chaos and the clutter off your desk.

       |**A**          |
May you have un - questionable health and less stress,

       |**B**         |
Having no pos - sessions, though immeasurable wealth.

       |**E**        |
May you get a gold star on your next test.

      |**C♯m**          |
May your edu - cated guesses always be cor - rect.

      |**A**        |
And may you win prizes, shining like diamonds.

      |**B**       |
May you really own it each moment to the next.

*Pre-Chorus 2*        *Repeat Pre-Chorus 1*

*Chorus 2*        *Repeat Chorus 1*

*Interlude 2*

**E**     |
All,

      |**B**      |
I want you to have it all.

      |**C♯m**   |
I want you to have it.

     |**A**     |    ‖
I want you to have it all.

*Bridge*

**C♯m**|          |
Oh, I  want you to have it.

**B**     |       |
Oh, all ___ you can imagine.

**C♯m**  |        |**E**
Oh, no matter what the path is,

       |  **N.C.**   |
If you believe it, then an - y - thing can happen.

**A**     |      |
Go, go, go,    raise your glasses.

**B**      |    |**C♯m** |  |**E N.C.**    |
Go, go, go,    you can have it _____ all.

***Chorus 3***

‖**E** | |
I toast you:  Here's to the hearts that you gonna break.

**B** | |
Here's to the lives that  you gon' change.

**C♯m** | |**A**
Here's to the infinite  possible ways to love you.

| |
I want you to have it.

**E** |
Here's to the good times we gonna have.

|**B** | |
You don't need money; you got free pass.

**C♯m** |**A**
Here's to the fact that I'd be sad without you.

| **N.C.** ‖
I want you        to have it all.


***Outro***

**E** |
All,

|**B** |
I want you to have it all.

|**C♯m** |
I want you to have it.

|**A** | |
I want you to have it all. I want you to have it.

**E** | |
Here's to the good times  we gonna have.

**B** | |
Here's to you always making me laugh.

**C♯m** |**A**
Here's to the fact that I'd be sad without you.

| **N.C.** | ‖
I want you to have it all.

# I Will Follow You into the Dark

Words and Music by
Benjamin Gibbard

Dm      F      B♭      C      C5      A      B♭m

**Intro**

|Dm      |F      |B♭      |F      C      |
|Dm      |F      |C5      |            |
|Dm      |F      |A      |Dm      C      |
|B♭      |B♭m      |F      |            ||

**Verse 1**

F            |            |Dm            |
Love of mine, someday you will die,

|B♭            |
But I'll be close behind.

|F            C5
I'll follow you into the dark.

|F            |            |Dm            |
No blinding light or tunnels to gates of white.

|B♭            |
Just our hands clasped so tight

|F            |C5
Waiting for the hint of a spark.

**Chorus 1**

||Dm            |F
If heaven and hell decide

|B♭            |F      C
That they both are satisfied,

|Dm            |F            |C5            |
Il - luminate the nos on their va - cancy signs.

|Dm            |F
If there's no one beside you

|A            |Dm      C
When your soul embarks,

|B♭      |B♭m            |F            |
Then I'll follow you into the dark.

*Verse 2*

```
        ‖ F        |          | Dm         |
```
In Cath'lic school, as vicious as Roman rule,
```
            | Bb       |      | F        | C5
```
I got my knuckles bruised by a la - dy in black.
```
        | F        |          | Dm         |
```
And I held my tongue as she told me,
```
        |          | Bb       |          |
```
"Son, fear is the heart of love."
```
        | F        | C5
```
So I never went back.

*Chorus 2*              *Repeat Chorus 1*

*Verse 3*

```
F         |                  | Dm         |              | Bb
```
You and me, have seen ev'ry - thing to see from Bangkok to Calgary.
```
            | F        | C5   | F          |
```
And the soles of your shoes are all worn down.
```
        | Dm       |          | Bb       |
```
The time for sleep is now, but it's nothing to cry about
```
            | F        | C5       | Dm
```
'Cause we'll hold each other soon in the black - est of rooms.
```
| Bb       |          |          |          |
```

*Chorus 3*

```
        ‖ Dm              | F
```
If heaven and hell decide
```
            | Bb       | F    C
```
That they both are satisfied,
```
        | Dm       | F        | C5         |
```
Il - luminate the nos on their va - cancy signs.
```
        | Dm       | F
```
If there's no one beside you
```
            | A        | Dm   C
```
When your soul embarks,
```
        | Bb       | Bbm      | F    G   | Dm
```
Then I'll follow you into the dark.
```
        | Bb       | Bbm      | F          ‖
```
And I'll follow you into the dark.

# Ice Cream

Words and Music by
Sarah McLachlan

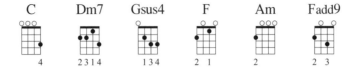

**Intro**

‖: C    |Dm7    |Gsus4    |    :‖ *Play 4 times*

**Verse 1**

F    |Gsus4    |Am    |F    |
Your    love    is better than ice cream,

**Dm7**    |Gsus4    |C    |F    |
Better than anything    else that I tried.

**Dm7**    |Gsus4    |Am    |F    C    |
Your    love    is better than ice cream.

**Dm7**    |Gsus4    |Fadd9    |    |    |
Ev'ryone here knows how to cry.

**Chorus 1**

‖Am    |Gsus4    |Dm7    |
And it's a long    way    down.

|Am    |Gsus4    |Dm7    |
It's a long    way _____ down.

|Am    |Gsus4    |Dm7  N.C.  |
It's a long    way    down to the place

|F    |Gsus4    |Am    |
Where we started from.

**Interlude**

‖C    |Dm7    |Gsus4
Do, do, do, do, do, do, do, do, do, yeah.

|C    |Dm7    |Gsus4    |    N.C.    ‖
Do, do, 'n', do, _____ ah, _____ yeah.

*Verse 2*

```
F          |Gsus4     |Am            |F                |
Your    love       is better than choc'late,
Dm7        |Gsus4     |C            |F                |
Better than anything     else that I've tried.
Dm7    |Gsus4     |Am            |F          C    |
Oh,      love      is better than choc'late.
Dm7            |Gsus4        |Fadd9        |          |          |
Ev'ryone here knows how to fight.
```

*Chorus 2*

```
          ‖Am     |Gsus4     |Dm7        |
And it's a long     way           down. Okay your turn.
          |Am     |Gsus4     |Dm7        |
(Audience: Long     way           down,
          |Am     |Gsus4        |Dm7 N.C.    |
It's a long     way           down to the place
          |F                |Gsus4        |Am          ‖
Where we started from.)
```

*Outro*

```
‖: F              |Gsus4        :‖ Play 9 times
|Am              |   N.C.        ‖ w/ voc. ad lib.
```

# If It Makes You Happy

Words and Music by Jeff Trott
and Sheryl Crow

G    Gsus²⁴    G6    Csus4    C    D    Am    Gsus4    Em

**Intro**

||: G        Gsus²⁴ |            G  G6 G :|| *Play 3 times*
|G         Gsus²⁴ |

**Verse 1**

G  G6 G || G  Gsus²⁴ |              G |    Gsus²⁴ |     G |
I   be - long ___      a  long way from here.
                    Gsus²⁴ |
Put on a poncho, ___   played for mosquitoes
G  |                      |Csus4
And drank till I was thirsty again.
C      |G  Gsus²⁴ |                  G  |    Gsus²⁴ |
We were searchin'      through thrift store jun - gles.
           G |          Gsus²⁴ |
Found Ge - ronimo's rifle,     Marilyn's shampoo,
G |                      |Csus4
And Benny Goodman's corset and pen.

**Pre-Chorus 1**

C     ||C        |D
Well, okay, I made this up.
 |C               |D
I promised you I'd never give up.

**Chorus 1**

      N.C.      ||Am     |C
If it makes you happy,
             |G      |D
It can't be that bad.
             |Am     |C
If it makes you happy,
             |G    Gsus²⁴ |     G  G6 G |
Then why the hell are you so ___ sad?
Gsus²⁴ |

***Verse 2***

```
G   G6  G   ‖G   Gsus²₄|              G |       Gsus²₄|
You get  down, ___            a real  low down.
G |                 Gsus²₄|
You listen to Coltrane,      derail your own train.
G |                       |Csus4
Well, who hasn't been there before?
C   |G   Gsus²₄|           G |     Gsus²₄|
I come 'round,          around the hard way.
      G |                 Gsus²₄|
Bring you comics in bed, scrape the mold off the bread
G |                     |Csus4
And serve you French toast a - gain.
```

***Pre-Chorus 2***

```
C      ‖C        |D
Well, okay, I still get stoned.
   |C                    |D
I'm not the kind of girl you take home.
```

***Chorus 2***

```
N.C.         ‖Am     |C
If it makes you happy,
                 |G        |D
It can't be that bad.
              |Am   |C
If it makes you happy,
                        |G        Gsus4 G  Gsus4 G |
Then why the hell are you so ___ sad?
```

***Chorus 3***

```
   Gsus4   G    Gsus4   G  ‖Am          |C
If it makes ____ you _____ hap - py,
                 |G      |D
It can't be that bad.
              |Am    |C
If it makes you happy,
                      |Em      |        |Am     |        |
Then why the hell are you so ___ sad?
|Em      |       |C       |       ‖
```

*Interlude*  | G        Gsus⁴₂ |          G  G6 G |          Gsus⁴₂ |

*Verse 3*  G    G6  G  ‖ G  Gsus⁴₂ |          G |    Gsus⁴₂ |    G |
We've been far, ___        far away from here.

         Gsus⁴₂ |
Put on a poncho, ___    played for mosquitoes
G |              | Csus4
And ev'rywhere in between.


*Pre-Chorus 3*  C    ‖ C        | D
Well, okay, we get along.

         | C                        | D
So what if right now ev'rything's wrong?


*Chorus 4*  *Repeat Chorus 2*


*Chorus 5*         ‖ Am      | C
If it makes you happy,

         | G       | D
It can't be that bad.

         | Am      | C
If it makes you happy,

                   | G        Gsus4  G   Gsus4 G |
Then why the hell are you so ___ sad?
Gsus4   G        Gsus4    G  ‖


*Guitar Solo*  | Am      | C       | G        |
| D       | Am      | C         ‖
Oh,       oh.


*Outro*  | G       Gsus⁴₂ |       G |
|         Gsus⁴₂ |       G |
|         Gsus⁴₂ |       G |          ‖


46

# Least Complicated

Words and Music by
Emily Saliers

A    Asus4    Bm7    D    E    Bm    F#m    C#m    Esus4

**Intro**

|A      Asus4    |A          |
|A      Asus4    |A

**Verse 1**

‖A      Asus4    |A
I sit  two   stories above the street.
   |              Asus4     |A
It's awful    quiet here since love fell asleep.
            |Bm7    A  |D
There's life down below me though,
             E        |A  Asus4  |A
The kids are walking home from school.

**Verse 2**

‖A      Asus4    A   |
Some long a - go when we ___ were taught
   |            Asus4    A  |
For what - ever kind of puzzle you got,
           |Bm7      A
You just stick the right for - mula in,
 |D      E    |A    Asus4  |A
A solu - tion for ev - 'ry fool.

**Pre-Chorus 1**

‖E           |D
I remember the time when I came so close to you,
   |A             |Bm7
Sent me skipping my class and runnin' from school.
|D                 |E
And I bought you that ring 'cause I never was cool.

**Chorus 1**

        ‖**A**        **E**   |**D**
What makes me think I could start clean slated?

        |**E**             |**A**    **Asus4**  **A** |   **Asus4**  **A** |
The hardest to learn was the least complicat - ed.        Yeah.

**Asus4**  **A** |   **Asus4**

**Verse 3**

      ‖**A**      **Asus4**      |**A**
Oh, I just sit up in this house and resist

    **Asus4** |**A**       **Asus4**  **A** |
And not  be  seen until I cease to exist,

               |**Bm7**  |**A**    |**D**
A kind of conscientious objection,

      |**E**         |**A**    **Asus4** |**A**
A kind of dodging the draft.

**Verse 4**

      ‖**A**      **Asus4**     |**A**
And the boy and girl are holding hands on the street

      |         **Asus4**  |**A**
And I don't want to but I think you just wait.

       |**Bm7**      **A**    |
It's more than just eye to eye,

      |**D**        |**E**   |**A**   **Asus4** |**A**
Learn the things I could nev - er apply.

**Pre-Chorus 2**

      ‖**E**          |**D**
But I remember the time when I came so close with you,

 |**A**            |**Bm7**
I let ev'rything go, it seemed the only truth.

 |**D**           |**E**
And I bought you that ring, it seemed the thing to do.

**Chorus 2**

     ‖**A**      **E**    |**D**
What makes me think I could start clean slated?

    |**E**         |**A**
The hardest to learn was the least compli - cated.

        |       **E**    |**D**
So what makes me think I could start clean slated?

    |**E**        |**A**        ‖
The hardest to learn was the least compli - cated. Oh.

**Bridge**

```
Bm                          |F#m                    |D
        I'm just a mirror of a mirror of myself,
          E        |A
All the things that I do.
        |F#m                      |C#m
And the next time I fall, I'm gonna have to recall
        |D        A      |Bm7   F#m |E   Esus4 E N.C.|
It isn't love, it's only      some - thing   new.
```

**Verse 5**

```
              ‖A        Asus4        |A
I sit two stories above the street.
            |                 Asus4      |A
It's awful    quiet here since love fell asleep.
                      |Bm7      A  |D
There's life down below me though,
                      E              |A  Asus4  |A
The kids are walking home from school.
```

**Pre-Chorus 3**

```
                    ‖E                    |D
And I remember the time when I came so close with you,
        |A                      |Bm7
Sent me skipping my class and runnin' from school.
        |D                        |E
And I bought you that ring 'cause I never was cool.
```

**Chorus 3**

```
                  ‖A          E        |D
What makes me think I could start clean slated?
                |E                      |A
The hardest to learn was the least complicat - ed.
                |              E        |D
So, what makes me think I could start clean slated?
                |E                      |A
The hardest to learn was the least complicat - ed.
        Asus4  A|            Asus4        |A
(Na, na, na, na, na, na, na.) The least complicat - ed.
        Asus4  A|            Asus4        ‖A
(Na, na, na, na, na, na, na.) The least complicat - ed.
```

**Outro**

```
                |          |
(Na, na, na, na, na, na, na.)
                    |          |
Na, na, na, na, na, na, na.
N.C.            |          ‖
Na, na, na, na, na, na, na.
```

# If We Were Vampires

Words and Music by
Michael Isbell

Dm    Am    B♭    F    C

**Intro**

|Dm    Am |B♭           |Dm    Am |B♭              |
|Dm       |F            |Dm       |F        C

**Verse 1**

‖Dm        Am        |B♭
It's not the long flowing dress that you're in,
|Dm        Am        |B♭
Or the light coming off of your ___ skin,
|Dm                  |F
The fragile heart you protected for so ___ long,
|Dm                  |F        C
Or the mercy in your sense of right and wrong.

**Verse 2**

‖Dm        Am        |B♭
It's not your hand searching slow in the dark
|Dm        Am        |B♭
Or your nails leaving love's water - mark.
|Dm                  |F
It's not the way you talk me off the roof.
|Dm                  |F        C
Your questions lack directions to the truth.

**Chorus 1**

‖ **B♭**                                    |**F**         |
It's knowing that this can't go on for - ever.
**B♭**                   |**F**              **C**     |
Likely, one of us will have to spend some days a - lone.
**B♭**                   |**Dm**
Maybe we'll get forty years to - gether,
     **C**         |**B♭**
But one day I'll be ___ gone,
                            |**F**         **C**
Or one day you'll be ___ gone.

**Verse 3**

‖ **Dm**         **Am**      |**B♭**
If we were vampires and death was a joke
|**Dm**       **Am**      |**B♭**
We'd go out on the sidewalk and ___ smoke,
|**Dm**                     |**F**
And laugh at all the lovers and their ___ plans.
|**Dm**                   |**F**        **C**
I wouldn't feel the need to hold your hand.

**Verse 4**

‖ **Dm**         **Am**      |**B♭**
Maybe time running out is a gift.
|**Dm**         **Am**      |**B♭**
I'll work hard till the end of my shift,
|**Dm**                   |**F**
And give you ev'ry second I can find,
|**Dm**                   |**F**      **C**
And hope it isn't me who's left be - hind.

**Chorus 2**

*Repeat Chorus 1*

**Interlude**

*Repeat Verse 3 & 4*

**Chorus 3**

‖ **B♭**                                      |**F**         |
It's knowing that this can't go on for - ever.
**B♭**                   |**F**              **C**     |
Likely, one of us will have to spend some days a - lone.
**B♭**                   |**Dm**
Maybe we'll get forty years to - gether,
     **C**         |**B♭**
But one day I'll be ___ gone,
                          |**Dm**      **Am**     |**B♭**     |**Dm**      **Am**     |**B♭**         ‖
Or one day you'll be ___ gone.

# Let Him Fly

Words and Music by
Patty Griffin

D    G    A    Asus4    Bm    Em7    Bm7    F#m7    Dadd9

**Intro**

|D        |        |        |        |
|G        |        |        |

**Verse 1**

‖D        |
Ain't no talking to this man.

|        |
Ain't no pretty other side.

|G        |        |        |
Ain't no way ___ to understand the stupid words of pride.

|A        Asus4|    A        |G
It would take ___ an acrobat ___ and I ___ already tried all that

A |        |D    G |
So    I'm gonna let him fly,

|D        |
Gonna let him fly.

**Verse 2**

‖D        |
And things can move ___ at such a pace.

|        |
The second hand ___ just waved goodbye.

|G
You know the light has left his face,

|        |        |
But   you can't recall just where or why.

|A    Asus4        A |Asus4
So there was really nothing to it.

|G        A |
I just went and cut right through it.

|D    G |        |D        |
I said I'm gonna let him ___ fly. ___ Oo, yeah, yeah, yeah.

*Bridge*

      ‖**G**           │**A**
There's no mercy in a live ___ wire,

     │**Bm**         │
No rest at all in freedom

       │**G**
Of choic - es we are given.

   │**Em7**      │**Bm7**   │
It's ___ no choice at all.  Oh,  huh.

   │**G**             │**A  Asus4**
The proof is in the fire _____

     │**D**          │**Bm** │**F♯m7**   │     │**Em7**
You touch before it moves a - way,       yeah,

                      │          │**A**     **Asus4** │**A**
But you must always know how long to stay and when to go.


*Verse 3*

              ‖**D**     │
And there ain't no talking to this man.

      │**Dadd9**          │
He's been try   -     ing to tell me so.

      │**G**          │          │**Bm**       │
Took awhile ___ to understand the  beauty of just   letting go.

          │**G**        │     │**Em7**
'Cause it would take ___ an acrobat and   I already tried all that

 │**A**           │**D**  **G** │**D**
So   I'm gonna let him fly.


*Outro*

**G** │         │**D**  **G**│   │**D**  **G** │         │**D**  **G**│
I'm gonna let him fly,  fly. Whoa, ___ I'm gonna let him fly,  fly.

   │**D**  **G** │          │**D**    │   ‖
Oh, ___ I'm, I'm gonna let him fly.

# Let It Go

Words and Music by James Bay
and Paul Barry

| C | Fmaj7 | Am | G6sus2 | Am7 | Am6 | G6 | Dm |
|---|---|---|---|---|---|---|---|
| 3 | 2 4 1 | 2 | 2 | | 1 3 1 2 | 2  3 | 2 3 1 |

**Intro**   ‖: C      Fmaj7   |Am     G6sus2   :‖

**Verse 1**

C                              Fmaj7                    |Am  G6sus2  |C
From walking home ___ and talking loads,

Fmaj7                          |Am  G6sus2  |C
Seeing shows ___ in evening clothes with you.

Fmaj7                        |Am  G6sus2  |C
From nervous touch ___ and getting drunk

Fmaj7                       |Am  G6sus2  |
To staying up ___ and waking up with you.

**Pre-Chorus 1**

‖Am              Am7
But now we're sleeping at the edge,

|Am6        Fmaj7
Holding something we don't need.

|Am              Am7
All this de - lusion in our heads

|Am6
Is gonna bring us to our knees.

**Chorus 1**

    ‖**Fmaj7**  **C**
So come on, let it go.

   |**Am**  **G6**
Just let it be.

    |**Dm**   **C**    |**G6**
Why don't you be you _____ and I'll be me?

    |**Fmaj7**  **C**    |**Am** **G6**
Ev'rything that's broke, _____ leave it to the breeze.

    |**Dm**   **C**    |**G6**
Why don't you be you _____ and I'll be me,

    ‖
And I'll be me?

**Interlude 1**    *Repeat Intro*

**Verse 2**

 **C**       **Fmaj7**    |**Am** **G6sus2** |**C**
  From throwing clothes ____ across the floor

       **Fmaj7**    |**Am** **G6sus2** |**C**
To teeth and claws ____ and slamming doors at you.

    **Fmaj7**   |**Am** **G6sus2**
If this is all ____ we're living for

  |**C**  **Fmaj7**     |**Am** **G6sus2**
Why are we doing it, doing it, doing it anymore?

**Pre-Chorus 2**

    ‖**Am**   **Am7**
I used to recognize myself,

       |**Am6**  **Fmaj7**
It's funny how reflections change.

    |**Am**     **Am7**
When we're be - coming something else

       |**Am6**
I think it's time to walk away.

**Chorus 2**    *Repeat Chorus 1*

**Interlude 2**    *Repeat Intro*

*Bridge*

Dm                       |C
    Try to fit your hand inside of mine
                          |G6
When we know it just don't belong.

                          |Am         |Dm
There's no force on earth could make it feel right, no. Whoa.
                      |C
Try to push this problem up the hill
                   |G6
When it's just too heavy to hold.
                  |Am
Think now's the time to let it slide.

*Chorus 3*

               ‖Fmaj7    C
So come on, let it go, oh.
        |Am      G6
Just let it be.
        |Dm        C         |G6
Why don't you be you _____ and I'll be me?
         |Fmaj7    C         |Am   G6
Ev'rything that's broke, _____ leave it to the breeze.
      |Dm        C        |G6
Let the ashes fall, _____ forget about me.
        |Fmaj7   C        |Am   G6
Come on, let it go. _____ Just let it be.
        |Dm        C        |G6
Why don't you be you _____ and I'll be me,
        ‖
And I'll be me?

*Outro*    |C    Fmaj7  |Am   G6sus2       |
          |C    Fmaj7  |Am   G6sus2      |C       ‖

# Lost Boy

Words and Music by
Ruth Berhe

Em     G     C     Am     D

3 2 1    1 3 2    3    2    2 2 2

***Intro***
     |**Em**     |**G**     |**C**     |**G**     ||

***Verse 1***

**Em**        |**G**
There was a time when I was alone,
   |**C**        |**G**
With nowhere to go and no place to call home.
**Em**        |**G**
My only friend was The Man in the Moon,
   |**C**        |**G**
And even sometimes he would go away too.
**Em**        |**G**
Then, one night as I ___ closed my eyes,
**C**     |**G**
I saw a shadow flying high.
**Em**        |**G**
He came to me with the sweetest smile,
**C**        |**G**
Told me he wanted to talk for a while.
   |**Em**     |**G**        |**C**
He said,    "Peter Pan, that's what they call me.
       |**G**
I promise that you'll never be lonely."
   |**Am** |     |**D**     |     ||
And ever   since that day…

*Chorus 1*

Em            |G                  |

     I am a lost boy    from Neverland,

C                      |G        |Em

Usually hanging out with     Peter Pan.

                         |G             |

And when we're bored, we play in the woods,

C                |G            |

Always on the run from     Captain Hook.

Em     |G      |C          |G

"Run, run, lost boy,"    they say to me,

   |Em     |G     |C     |G      |

"A - way from all of    reali - ty."

Em                    |G

Neverland is home to the lost boys like me,

   |C              |G

And lost boys like me are free.


*Verse 2*

   ‖Em                 |G

He sprinkled me in pixie dust and told me to believe,

   |C            |G

Be - lieve in him and be - lieve in me.

     |Em              |G        |

"To - gether, we will fly away in a cloud of green,

C              |G

To your beautiful destiny."

      |Em             |G

As we soared above the town that never loved me,

  |C            |G     |

I realized I fin'lly had a family.

Em                |G      |

Soon enough, we reached Neverland.

C          |G

Peacefully, my feet hit the sand.

   |Am |      |D     |    ‖

And ever  since that day…

*Chorus 2*

```
Em              |G            |
   I am a lost boy    from Neverland,
C                    |G        |Em
Usually hanging out with     Peter Pan.
                       |G            |
And when we're bored, we play in the woods,
C                  |G            |
Always on the run from    Captain Hook.
Em      |G       |C          |G
"Run, run, lost boy,"    they say to me,
   |Em      |G    |C    |G       |
"A - way from all of    reali - ty."
Em                  |G
Neverland is home to the lost boys like me,
   |C              |G           |
And lost boys like me are free.
Em                  |G
Neverland is home to the lost boys like me,
   |C              |G          ‖
And lost boys like me are free.
```

*Verse 3*

```
Em                 |G            |
Peter Pan, Tinkerbell, Wendy Darling,
C                      |G            |
Even Captain Hook, you are my perfect storybook.
Em                    |G
Neverland, I love you so, you are now my home sweet home.
     |C            |G        |
For - ever a lost boy at last.
       |Am    |    |D      |        ‖
And for always, I will say…
```

*Outro-Chorus*        *Repeat Chorus 2*

# Lucky

Words and Music by Jason Mraz,
Colbie Caillat and Timothy Fagan

C     Am     Dm7     G     E7     G7

G♯°     Cmaj7     Gsus4     Em     Am7

**Intro**  |C          |

**Verse 1**

‖C               |Am
Do you hear me talking to you?
          |Dm7          |G          |E7
Across the water, across the deep blue ocean,
          |Am
Under the open sky.
          |Dm7          |G
Oh, my, baby, I'm trying.

**Verse 2**

‖C               |Am
Boy, I hear you in my dreams.
          |Dm7               |G          G7
I feel your whisper across the sea.
          |E7          |Am
I keep you with me in my heart.
          |Dm7          |G          G♯°          ‖
You make it easier when life gets hard.

**Chorus 1**

Am           |Dm7          |G
    Lucky I'm in love with my best friend,
         |C         Cmaj7 |Am
Lucky to have been where I have been.
        |Dm7       |Gsus4       |G          ||
Lucky to be coming home a   -   gain.

**Interlude**

C        |Am      |Em    |G      ||
Oo, _____ oo. _____

**Bridge**

Dm7         |Am7      |G
They don't know how long it takes,
    |Dm7        |
Waiting for a love like this.
    |Am7     |G
Every time we say goodbye,
    |Dm7
I wish we had one more kiss.
   |       |Am7    |G  Am7 |G    ||
I'll wait for you, I promise you I will. _____ I'm…

**Chorus 2**

Am         |Dm7       |G
    Lucky I'm in love with my best friend,
     |C       Cmaj7 |Am
Lucky to have been where I have been.
      |Dm7    |Gsus4     |G     |Am
Lucky to be coming home a  -  gain.
      |Dm7      |G
Lucky  we're  in love in every way,
     |C       Cmaj7 |Am
Lucky to have stayed where we have stayed.
     |Dm7      |Gsus4     |G
Lucky to be coming home some  -  day.

*Verse 3*

‖**C**     |**Am**
And so I'm sailing through the sea

|**Dm7**    |**G**
To an island where we'll meet.

|**E7**   |**Am**
You'll hear the music fill the air.

|**Dm7** |**G**
I'll put a flower in your hair.


*Verse 4*

‖**C**     |**Am**
Though the breezes through the trees

|**Dm7**    |**G**  **G7**
Move so pretty, you're all I see.

|**E7**    |**Am**
As the world keeps spinning 'round,

|**Dm7**   |**G**   **G♯°**   ‖
You hold me right here, right now.


*Chorus 3*       *Repeat Chorus 2*


*Outro*

**C**   |**Am**  |**Em**  |**G**   |
Oo, _____ oo. _____

**C**   |**Am**  |**Em**  |**G**  |**C**  ‖
Oo, _____ oo, _____ oo. _____

# Meet Virginia

Words and Music by Pat Monahan,
James Stafford, Robert Hotchkiss,
Charles Colin and Scott Underwood

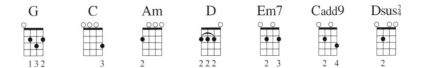

**Verse 1**

G    C                |Am
    She doesn't own a dress.
            D
Her hair is al - ways messy.
 |G            C         |Am
You catch her stealin', she won't confess.
       D     |G
She's beautiful.
         C
Smokes a pack a day.
 |Am          D      |G
Wait, that's me, but an - yway.
                  C     |Am
She doesn't care a thing a - bout that hair.
          D     |G
She thinks I'm beautiful.
        C  |Am D |G  C |Am  D  ||
Meet Virgin - ia.

**Verse 2**

G           C     |Am
    She never com - promises.
         |D
Loves babies and surprises.
 |G         C        |Am
Wears high heels when she exercises.
       D     |G
Ain't that beau - tiful?
        C  |Am  D  ||
Meet Virgin - ia.

*Chorus 1*

```
Em7          |Cadd9  Dsus$^2_4$   |Em7
   Well, she wants   to   be the queen
             |Cadd9  Dsus$^2_4$      |Em7
And she thinks a  -  bout her scene.
             |Cadd9  Dsus$^2_4$      |Em7
Pulls her hair back as she screams,
                |Cadd9      Dsus$^2_4$        ||
"I don't real - ly wanna be the queen."
```

*Verse 3*

```
G            C              |Am
   Daddy wrestles alligators.
                   D         |G
Mama works on carburetors.
                   C
And brother is a fine
   |Am        D        |G
Media - tor for the President.
                C          |Am
Well, here she is again on the phone;
        D              |G
Just like me, hates to be alone.
        C             |Am
We just like to sit at home
                D       |G
And rip on the President.
                C  |Am      D    ||
Meet Virgin - ia.    Alright.
```

*Chorus 2*

```
Em7          |Cadd9  Dsus$^2_4$  |Em7
   Well, she wants to live  her  life.
             |Cadd9  Dsus$^2_4$      |Em7
Then she thinks a  -  bout her life.
             |Cadd9   Dsus$^2_4$       |Em7
Pulls her hair back as she screams,
                |Cadd9      Dsus$^2_4$        ||
"I don't real - ly wanna live this life."
```

*Guitar Solo*

```
||: Em7     |C        |Em7      |C          :||
|G    C  |Am  D  |G    C  |Am  D   ||
```

64

*Verse 4*

```
G                C          |Am
    She only drinks coffee at mid - night,
           D          |G           C
When the moment is not __ right.
              |Am      D     |G
Her timing is quite un - usual.
              C                |Am
You see, her confidence is tra - gic,
           D         |G      C
But her intuition mag - ic,
                     |Am      D       |G
And the shape of her body, un - usual.
                                |
Well, meet Virginia.
                |N.C.
I can't wait to    meet Virginia.
                              ||
Yeah, yeah. Hey, hey, hey.
```

*Chorus 3*

```
Em7          |Cadd9  Dsus²₄     |Em7
    Well, she wants   to   be the queen
          |Cadd9  Dsus²₄          |Em7
And she thinks a  -  bout her scenes.
             |Cadd9  Dsus²₄ |Em7
Well, she wants to live  her  life.
             |Cadd9  Dsus²₄      |Em7
Then she thinks a  -  bout her life.
             |Cadd9  Dsus²₄       |Em7
Pulls her hair back as she screams,
               |Cadd9       Dsus²₄      ||
"I don't real - ly wanna be the queen.
||: Em7             |Cadd9      Dsus²₄      :||
   Ah,    I don't real - ly wanna be the queen.
    Em7              |Cadd9      Dsus²₄      ||
Ah,    I don't real - ly wanna live like this."
```

# The Night We Met

Words and Music by
Ben Schneider

F#m     E     A     D

2 1 3     3 3 3 1     2 1     2 2 2

**Intro**

F#m    E |A       |F#m    A |D     |
Oo, _____        oo, _____

F#m    E |A       |F#m    A |D      ||
Oo, _____        oo. _____

**Verse 1**

F#m        E |A     |F#m
    I am not the only trav'ler
         A    |D
Who has not re - paid his debt.
    |F#m      E    |A
I've been searching for a trail to follow again,
    |F#m    A     |D
Take me back to the night we met.

**Bridge 1**

    ||F#m   A     |D
And then I  can  tell my - self
    |F#m    A       |D
What the hell I'm s'posed to do.
    |F#m    A       |D
And then I  can  tell my - self
    |F#m    A    |D
Not to ride a - long with you.

*Verse 2*

‖**F♯m**
I had all and then most of you,

**E**      |**A**
Some and now none of you,

  |**F♯m**     **A**     |**D**
Take me back to the night we met.

  |**F♯m**
I don't know what I'm s'posed to do,

**E**      |**A**
Haunted by the ghost of you,

    |**F♯m**     **A**     |**D**
Oh, take me back to the night we met.


*Bridge 2*

   ‖**F♯m**     **A**   |**D**
When the night was full of terror

  |**F♯m**     **A**     |**D**
And your eyes were filled with tear.

  |**F♯m**   **A**      |**D**
When you had not touched me yet,

    |**F♯m**     **A**     |**D**
Oh, take me back to the night we met.


*Verse 3*               *Repeat Verse 2*

*Outro*          |**F♯m**   **A** |**D**      |**F♯m**   **A** |**D**      ‖

# One of Us

Words and Music by
Eric Bazilian

F#m    Dsus2    A    E5    D    E    Esus4

213    23    21    34 1    222    3331    3341 2fr

**Intro**

‖: F#m  Dsus2  |A       E5    :‖ *Play 7 times*
|F#m  Dsus2   |A       E5

**Verse 1**

‖F#m           D        |A
If God had a name,
                        E5
What would it be?
                |F#m           D         |A
And would you call it to His face
                E5
If you were faced with Him
                |F#m  D        |A
In all His glory?
                        E5
What would you ask
                |F#m   D        |A    E5
If you had just one question?

**Pre-Chorus 1**

                ‖D    Dsus2   |E                    |
And yeah, yeah,      God is great.
D    Dsus2   |E                    |
Yeah, yeah,      God is good.
D    Dsus2   |Esus4   E
Yeah, yeah,      yeah, yeah, yeah.

**Chorus 1**

```
        ‖F♯m    Dsus2    |A       E5
What if God was one of us,
        |F♯m     Dsus2    |A       E5
Just a slob like one of us,
        |F♯m    Dsus2    |A
Just a stranger on the bus
            E5           |F♯m      Dsus2    |A       E5
Try'n' to make His way ___ home?
```

**Verse 2**

```
        ‖F♯m        D        |A
If God had a face,
                    E5
What would it look like?
            |F♯m         D        |A
And would you want to see
            E5                        |
If seeing meant that you would
F♯m            D        |A
Have to believe
                E5
In things like heaven
            |F♯m            D
And in Jesus and the saints
        |A             E5
And all the proph - ets?
```

**Pre-Chorus 2**

*Repeat Pre-Chorus 1*

**Chorus 2**

```
        ‖F♯m    Dsus2    |A       E5
What if God was one of us,
        |F♯m     Dsus2    |A       E5
Just a slob like one of us,
        |F♯m    Dsus2    |A
Just a stranger on the bus
            E5           |F♯m      Dsus2    |A
Try'n' to make His way ___ home?
                E5           |F♯m      Dsus2    |A
He's try'n' to make His way ___ home,
                E5           |F♯m Dsus2    |A
Back up to heaven all a - lone.
                E5             |F♯m Dsus2    |A
Nobody calling on the phone,
                    E5                    ‖
'Cept for the Pope maybe in Rome.
```

**Guitar Solo**

```
|D            |E5         |D            |E5          |
|D            |E5         |F#m Dsus2    |A    E5     |
|F#m Dsus2    |A    E5    |F#m Dsus2    |A    E5     |
|F#m Dsus2    |A    E5
```

**Pre-Chorus 3**

```
    ‖ Dsus2    |E          |
And yeah, yeah, God is great.

D     Dsus2  |E            |
Yeah, yeah,    God is good.

D     Dsus2  |Esus4      E
Yeah, yeah,    yeah, yeah, yeah.
```

**Chorus 3**

```
    ‖F#m    Dsus2    |A      E5
What if God was one of us,

    |F#m    Dsus2    |A      E5
Just a slob like one of us,

    |F#m    Dsus2   |A
Just a stranger on the bus

      E5            |F#m    Dsus2   |A
Try'n' to make His way ____ home?

         E5           |F#m    Dsus2   |A
Just try'n' to make His way ____ home,

      E5       |F#m    Dsus2    |A
Like a holy rollin' ____ stone.

         E5           |F#m Dsus2   |A
Back up to heaven all a - lone,

          E5          |Dsus2      |      |        |
Just try'n' to make His way ____ home.

                      |          |
Nobody callin' on the phone,

                      |          ‖
'Cept for the Pope, maybe, in Rome.
```

# Put Your Records On

Words and Music by John Beck,
Steven Chrisanthou and Corinne Bailey Rae

A    D#m7b5    E13    E7    F#m    C#

F#m7    B7    Dmaj7    Dm(maj7)    Bm7    Amaj9

*Intro*       |A      |D#m7b5    |E13   E7    ||

*Verse 1*

A           |D#m7b5        |E13
Three little birds sat on my window

        E7         |A          |
And they told me I don't need to worry.

            |D#m7b5        |E13
Summer came like cinna - mon, so sweet.

      E7         |A      ||
Little girls double-dutch on the con - crete.

*Pre-Chorus 1*

F#m    |C#       |F#m7
    Maybe sometimes we ____ got it wrong,

     |B7
But it's alright.

     |Dmaj7              |
The more things seem to change,

     |Dm(maj7)          |
The more they stay the same.

          ||
Oo, don't you hesitate.

**Chorus 1**

    A          |D♯m7♭5             |E13
Girl, put your records on. ___ Tell me your fav'rite song.
     E7      |A     |
You go ahead, let your hair down.
               |D♯m7♭5        |E13
Sapphire and faded jeans, ___ I hope you get your dreams.
     E7       |A    |Dmaj7
Just go ahead, let your hair down.
                      |Dm(maj7)   |A     ‖
You're gonna find yourself somewhere, some - how.


**Verse 2**

    A        |D♯m7♭5      |E13
     Blue as the sky, sunburnt and lonely,
       E7         |A     |
Sippin' tea in a bar by the roadside.
             |D♯m7♭5   |E13
Don't you let those other boys fool you,
      E7       |A     ‖
Gotta love that Afro hairdo.


**Pre-Chorus 2**

F♯m   |C♯     |F♯m7
   Maybe sometimes we ___ feel afraid,
    |B7
But it's al - right.
   |Dmaj7       |
The more you stay the same,
   |Dm(maj7)     |
The more they seem to change.
                 ‖
Don't you think it strange?


**Chorus 2**

A           |D♯m7♭5          |E13
Girl, put your records on. ___ Tell me your fav'rite song.
     E7         |A     |
You go ahead, let your hair down.
            |D♯m7♭5        |E13
Sapphire and faded jeans, ___ I hope you get your dreams.
     E7      |A   |Dmaj7
Just go ahead, let your hair down.
                 |Dm(maj7)   ‖
You're gonna find yourself some - where, somehow.

**Bridge**

Bm7 | |F#m7
'Twas more than I could take, pity for pity's sake.

|N.C. |Bm7
Some nights kept me awake, I thought that I was stronger.

| |Dm(maj7)  Bm7 |
When you gonna realize that you don't even have to try _____ any longer?

‖
Do what you want to.

**Chorus 3**

N.C. |D#m7♭5 |E13
Girl, put your records on. ____ Tell me your fav'rite song.

E7 |A |
You go ahead, let your hair down.

|D#m7♭5 |E13
Sapphire and faded jeans, ____ I hope you get your dreams.

E7 |A ‖
Just go ahead, let your hair down.

**Outro-Chorus**

A |D#m7♭5 |E13
Girl, put your records on. ____ Tell me your fav'rite song.

E7 |A |
You go ahead, let your hair down.

|D#m7♭5 |E13
Sapphire and faded jeans, ____ I hope you get your dreams.

E7 |A |
Just go ahead, let your hair down.

Dmaj7 |Dm(maj7) |Amaj9 ‖
Oo, you're gonna find yourself somewhere, some - how.

# Round Here

Words and Music by Adam Duritz, David Bryson,
Charles Gillingham, Matthew Malley, Steve Bowman,
Christopher Roldan, David Janusko and Dan Jewett

Dsus4   C   D   Em   G   A   G5   Am7

*Intro*  ‖:Dsus4 |        :‖

*Verse 1*

C                                    |D
Step out the front door like a ghost into the fog
        |Em                    |G
Where no one noti - ces the contrast of white on white.
         |C                      |D
And in be - tween the moon and you the an - gels get a better view
          |Em                  |G
Of the crumbl - ing difference between wrong and right.
         |C                    |D
I walk in the air between the rain, through myself and back again.
         |Em            |G
Where?    I don't know.
         |C
Maria says she's dying.
                      |D                        |Em        |G
Through the door I hear her crying, "Why?" I don't know.

*Chorus 1*

        ‖C      |D            |Em       |G
Round here we al - ways stand up straight.
        |C  |D          |Em        |G
Round here something radiates.

*Verse 2*

```
      ‖ C                                |D
Maria came from Nashville with a suitcase in her hand.
              |Em                            |G
She said she'd like to meet a boy who looks like El - vis.
          |C                         |D
And she walks along the edge of where the o - cean meets the land
              |Em                    |G
Just like she's walking on a wire in the cir - cus.
          |C                    |D
She parks her car outside of my house, an'    takes her clothes off,
    |Em                       |G
Says she's so close to understanding Jesus.
              |C                        |D
And she knows she's more than just a little mis - understood.
              |Em                        |G
She has trouble acting normal when she's ner - vous.
```

*Chorus 2*

```
        ‖ C          |D         |Em        |G
Round here we're carving out our names.
        |C  |D             | Em       |G
Round here   we all look the same.
        |C                  |D
Round here we talk just like li - ons
      |Em            |G
But we sacrifice like lambs.
      |C            |D                  |Em     |A   D
Round here she's slipping through my hands.
```

*Bridge*

```
G5 ‖ A        |Am7        D           |A              |
Run    home. Sleeping children better run like ___ the wind.
Am7      D          |A
Out of the lightning dream.
     |Am7                D               |A             |
Ma - ma's little baby better get herself ___ in
C          D     |           ‖
Out of the lightning.
```

75

```
C                        |D          |Em         |G
    She says, "It's on - ly in my head."
                    |C               |D          |Em        |G
She says, "Shhh… I know it's on - ly in my head."
                |C                                      |
But the girl on the car in the parking lot says,
 D                                    |
"Man, you should try to take a shot."
Em                           |G
Can't you see my walls are crum - bling?
                |C                             |D
Then she looks up at the building, says she's think - in' of jumping.
                |Em                   |G
She says she's tired of life; she must be tired of something.
```

```
            ‖C        |D          |Em         |G
Round here she's al - ways on my mind.
        |C          |D          |Em         |G
Round here, hey, man, I got lots of time.
        |C                           |D
Round here we're never sent to bed ear - ly.
        |Em                |G
Man, no - body makes us wait.
        |C             |D          |Em         |G
Round here we stay up ver - y, very, ver - y, very late.
            |C      |D    |Em
I, I can't see noth - in', noth - in' around here.
 |G                         |C                        |D
Ah, __ you catch me if I'm fall - in', you catch me if I'm fall - in'.
                        |Em                |G
Will you catch me 'cause I'm     fallin' down on you?
        |C           |D   |Em         |G
I said I'm un - der the gun     around here.
            |C          |D   |Em         |G
Ah, man, I said I'm under the gun around here.
                    |C       |D        |Em          ‖
And I can't see nothin',     noth - in' around here.
```

# Save Tonight

Words and Music by
Eagle Eye Cherry

Am    F    C    G

**Intro**

‖:Am    F    |C    G    :‖ *Play 3 times*
|Am    F    |C    G

**Verse 1**

‖Am    F    |C        G
Go on and close    the curtains,
|Am    F    |C        G
'Cause all we need    is can - dlelight.
Am    F    |C        G
You and me,    and a bottle of wine,
|Am        F    |C    G
Gonna hold you tonight,    ah, yeah.

**Verse 2**

‖Am    F    |C        G
Well, we know    I'm going away,
|Am    F        |C        G
And how I wish,    I wish it weren't so.
|Am    F    |C    G    |
So take this wine,    and drink with me.
Am        F    |C
Let's delay our misery.

**Chorus 1**

G    ‖Am    F    |C        G
Save to - night,    and fight the break of dawn.
|Am        F    |C        G
Come ___ tomorrow,    to - morrow I'll be gone.
|Am        F    |C        G
Save ___ tonight,    and fight the break of dawn.
|Am        F    |C        G
Come ___ tomorrow,    to - morrow I'll be gone.

*Verse 3*

```
       ‖Am   F     |C    G
There's a log    on the fire,
       |Am   F     |C    G
And it burns    like me for you.
            |Am   F      |C   G
Tomorrow comes    with one desire,
       |Am     F       |C    G
To take me a - way, oh, it's true.
```

*Verse 4*

```
            ‖Am   F   |C        G
It ain't easy ___ to say goodbye.
            |Am   F      |C        G
Darlin', please    don't start to cry.
        |Am            F      |C   G
'Cause girl, you know I've got to go.    Oh.
       |Am        F        |C
And Lord, I wish it wasn't so.
```

*Chorus 2*                    *Repeat Chorus 1*

*Guitar Solo 1*

```
‖:Am    F    |C    G    :‖ Play 3 times
|Am    F    |C    G
```

*Verse 5*

```
        ‖Am          F |C        G          |Am
To - morrow comes to take me a - way.
              F    |C       G
I wish that I, that I could stay.
        |Am            F     |C   G
But girl, you know I've got to go,    oh.
       |Am        F        |C
And Lord, I wish it wasn't so.
```

*Chorus 3*                    *Repeat Chorus 1*

78

**Chorus 4**

‖**Am**      **F**      |**C**                      **G**
Save to - night,      and fight the break of dawn.

|**Am**              **F**      |**C**                  **G**
Come ___ tomorrow,      to - morrow I'll be gone.

|**Am**          **F**      |**C**                  **G**
Save ___ tonight,      and fight the break of dawn.

|**Am**              **F**  |**C**                  **G**          |**Am**          **F**
Come ___ tomorrow,      to - morrow I'll be gone.

 |**C**              **G**      |**Am**          **F**
To - morrow I'll be gone.

 |**C**              **G**      |**Am**          **F**
To - morrow I'll be gone.

 |**C**              **G**      |**Am**          **F**
To - morrow I'll be gone.

 |**C**              **G**          ‖
To - morrow I'll be gone.

**Guitar Solo 2**

‖:**Am**      **F**      |**C**      **G**      :‖ *Play 3 times*

|**Am**      **F**      |**C**

**Outro**

**G**      ‖**Am**      **F**      |**C**
Save to - night.

**G**      |**Am**      **F**      |**C**
Save to - night.

**G**      |**Am**      **F**      |**C**
Save to - night.

**G**      |**Am**      **F**      |**C**
Save to - night.

**G**      |**Am**      **F**      |**C**
Save to - night.

**G**      |**Am**      **F**      |**C**      **G**      ‖
Save to - night.

# Say You Won't Let Go

Words and Music by Steven Solomon,
James Arthur and Neil Ormandy

A    E    F#m    D

2 1    3 3 3 1    2 1 3    2 2 2

**Intro**

|A    |E    |F#m    |D    ||

**Verse 1**

A        |E        |F#m
I met you in the dark,     you lit me up.

          |D        |A
You made me feel as though    I was enough.

       |E        |F#m
We danced the night away,     we drank too much.

          |D        ||
I held your hair back when    you were throwing up.

**Verse 2**

A           |E
   Then you smiled over your shoulder;

          |F#m
For a minute I was stone cold sober.

          |D     |A
I pulled you closer to my chest

          |E
And you asked me to stay over.

          |F#m
I said, "I already told ya,

          |D        ||
I think you should get some rest."

*Verse 3*

```
      A                         |E                      |F♯m
         I knew I loved you then       but you'd never know
                                         |D                    |A
      'Cause I played it cool when I was scared of letting go.
                              |E                       |F♯m
      I know I needed you,        but I never showed.
                                    |D                       ‖
      But I wanna stay with you un - til we're gray and old.
```

*Chorus 1*

```
      A                |E
      Say you won't let go.
         |F♯m              |D           ‖
      Just say you won't let go.
```

*Verse 4*

```
      A                         |E                      |F♯m
         I wake you up with some       breakfast in bed.
                               |D                        |
      I'll bring you coffee with    a kiss on your head.
      A                          |E                       |
      And I'll take the kids to school,      wave them goodbye.
      F♯m                        |D               ‖
      And I'll thank my lucky stars      for that night.
```

*Verse 5*

```
      A                                  |E
         When you looked over your shoulder;
                                   |F♯m
      For a minute I forget that I'm older.
                              |D
      I wanna dance with you right now.
         |A                          |E
      Oh, and you look as beautiful as ever
                                      |F♯m
      And I swear that ev'ry day you'll get better,
                             |D          ‖
      You make me feel this way somehow.
```

*Verse 6*

```
          A                      |E                        |F#m
       I'm so in love with you,          and I hope you know,
                                   |D                      |A
Darling, your love is more than worth its weight in gold.
                                 |E                        |F#m
We've come so far, my dear,          look how we've grown.
                               |D
And I wanna stay with you un - til we're gray and old.
```

*Chorus 2*

```
          ‖A              |E
Just say you won't let go.
          |F#m            |D          ‖
Just say you won't let go.
```

*Bridge*

```
A                       |E                        |F#m
    I wanna live with you        even when we're ghosts.
                                   |D                      ‖
'Cause you were always there for me when I needed you most.
```

*Verse 7*

```
A                       |E                        |F#m
    I'm gonna love you till        my lungs give out.
                             |D              |A
I promise till death we part like in our vows.
                              |E                        |F#m
So I wrote this song for you,          now ev'rybody knows
                             |D
That it's just you and me un - til we're gray and old.
```

*Chorus 3*

```
          ‖A              |E
Just say you won't let go.
          |F#m            |D
Just say you won't let go.
          |A              |E
Just say you won't let go.
          |F#m            |D          |A          ‖
Just say you won't let go.
```

# 6th Avenue Heartache

Words and Music by
Jakob Dylan

F    C    Gm7    Bb

**Intro**

|F          |C          |Gm7      |Bb          |
|F          |C          |Gm7      |Bb

**Verse 1**

    ‖F                        |C
Sirens ring, the shots ring out,
      |Gm7            |Bb
A stranger cries, screams out loud.
      |F                    |C
I had my world strapped against my back.
     |Gm7        |Bb
I held my hands, never knew how to act.

**Chorus 1**

      ‖F
And the same black line that was drawn on you
  |C                                          |Gm7
Was drawn on me, and now it's drawn me in.
       |Bb          ‖
Sixth Avenue heartache.

**Interlude 1**

|F          |C          |Gm7      |Bb

*Verse 2*

           ‖**F**                |**C**
Below me, now was a homeless man
     |**Gm7**         |**B♭**
Singing a songs I knew com - plete.
            |**F**          |**C**
On the steps a - lone, his guitar in ___ hand,
     |**Gm7**           |**B♭**
It's fifty years stood where he stands.

*Chorus 2*

              ‖**F**
And the same black line that was drawn on you
   |**C**                      |**Gm7**
Was drawn on me, and now it's drawn me in.
           |**B♭**
Sixth Avenue heartache.

*Chorus 3*

              ‖**F**
And the same black line that was drawn on you
   |**C**                      |**Gm7**
Was drawn on me, and now it's drawn me in.
       |**B♭**        ‖
Sixth Avenue heartache.

*Interlude 2*       |**F**       |**C**       |**Gm7**     |**B♭**

*Verse 3*

           ‖**F**       |**C**
Walking home on those streets,
     |**Gm7**        |**B♭**
The river winds move my feet.
         |**F**                |**C**
The subway steam, like silhouettes in dreams,
        |**Gm7**        |**B♭**
They stood by me just like moon - beams.

*Chorus 4*       *Repeat Chorus 1*

*Chorus 5*

              ‖**F**
And the same black line that was drawn on you
   |**C**                      |**Gm7**
Was drawn on me, and now it's drawn me in.
       |**B♭**        ‖
Sixth Avenue heart…

**Guitar Solo**     |F       |C       |Gm7    |B♭      |

Ache.

                  |F       |C       |Gm7    |B♭

*Verse 4*

                      ‖F               |C

Looked out the window, and down upon that street,

             |Gm7       |B♭

And gone like the midnight was that ____ man.

            |F            |C

But I see his six strings laid against that wall,

            |Gm7      |B♭

And all his things, they all look so ____ small.

               |F        |C

I've got my fingers crossed on a shooting star.

           |Gm7      |B♭

Just like me, they just moved on.

*Chorus 6*          *Repeat Chorus 1*

*Chorus 7*

                      ‖F

And the same black line that was drawn on you

        |C                    |Gm7

Was drawn on me, and now it's drawn me in.

           |B♭         |F      |C

Sixth Avenue heartache, heart - ache.

                |Gm7  |B♭

Now it's drawing me in.      Heartache.

*Chorus 8*

                      ‖F

And the same black line that was drawn on you

        |C                    |Gm7

Was drawn on me, and now it's drawn me in.

           |B♭         ‖

Sixth Avenue heartache, heart…

**Outro**          F      |C       |Gm7    |B♭      |

Ache.

          |F       |C       |Gm7    |B♭      ‖

# Skinny Love

Words and Music by
Justin Vernon

| Am | C | C* | D6sus4 | C6 | Cadd9 | G | F |

***Intro***

‖: **Am**　　　|**C**　　　　|**C\***　　　|　　　　:‖ ***Play 3 times***

|**D6sus4**　　|　　　　　|**Am**　　　|　　**C**　　|

|**C\***　　　|　　　　　|　　　　　|　　　　　‖

***Verse 1***

**Am**　　　　|**C**　　　　|**C\***　　　|

Come on skinny love just lasts a year,

|**Am**　　　|**C**　　　　|**C\***　　　|

So pour a little salt we were never here.

　　　　|**Am**　　|**C**　　　|**C\***　　　|

My, my, my, my, my, my, my, my,

　　　　　　|**D6sus4**　　　|　　　　　|**Am**　|　　‖

Staring at the sink of blood and crushed veneer.

***Interlude 1***

|**C6**　　　|　　　　　|　　　　|　　　　‖

***Verse 2***

**Am**　|**C**　　　|**C\***　　|　　　|

　　I tell my love to wreck it all,

**Am**　　　|**C**　　　|**C\***　　　|

Cut out all the ropes and let me fall.

　　　|**Am**　|**C**　　　|**C\***　　|

My, my, my, my, my, my, my, my,

　　　　|**D6sus4**　　|　　　|**Am**　|

Right in this moment this order's tall.

*Chorus 1*

‖**Cadd9** |
And I told you to be patient,

|**G** |**F**
And I told you to be fine.

|**Cadd9** |
And I told you to be balanced,

|**G** |**F**
And I told you to be kind.

|**Cadd9** |
And in the morning I'll be with you,

|**G** |**F**
But it will be a different kind.

|**Cadd9** |
And I'll be holding all the tick - ets,

|**G** |**F** | | | ‖
And you'll be owning all the fines.

*Verse 3*

**Am** |**C** |**C\*** | |
Come on skinny love what happened here?

**Am** |**C** |**C\*** |
Suckle on the hope in light bras - sieres,

|**Am** |**C** |**C\*** |
My, my, my, my, my, my, my, my,

|**D6sus4** | |**Am** | ‖
Sullen load is full, so      slow on the split.

*Interlude 2*

|**C6** | | |

**Chorus 2**

‖**Cadd9** |
And I told you to be patient,

|**G** |**F**
And I told you to be fine.

|**Cadd9** |
And I told you to be balanced,

|**G** |**F**
And I told you to be kind.

|**Cadd9** |
And now all your love is wasted,

|**G** |**F**
And then who the hell was I?

|**Cadd9** |
And I'm breaking at the bridg - es,

|**G** |**F** | | | ‖
And at the end of all your lines.

**Bridge**

**Cadd9** | |**G**
 Who will love you?

|**F** |**Cadd9**
Who will fight?

| **G** |**F** | | | ‖
Who will fall ___ far be - hind?

**Outro**

‖:**Am** |**C** |**C*** | :‖ *Play 3 times*

|**D6sus4** | |**Am** | **C** |

| | ‖

88

# Stay

Words and Music by
Lisa Loeb

Cadd9    Am7    Dm7    Cmaj7    Fsus2    C    Fm

*Intro*

|Cadd9    |Am7        |Dm7    Cmaj7    |Fsus2        ‖

*Verse 1*

Cadd9    |Am7                        |Dm7    Cmaj7    |Fsus2        |Cadd9
    You say    I only hear what I want to.

     |Am7                |Dm7    Cmaj7    |Fsus2        |Dm7
You say    I talk so all the time,    so.

        C                        |Dm7
And I thought what I felt was simple,

        C                        |Dm7
And I thought that I don't belong.

      C                |Dm7
And now that I am leaving,

       C
Now I know that I did something wrong

    |Fsus2        |Fm                |Dm7        C    |Dm7    C        ‖
'Cause I missed you.    Yeah, yeah, I missed you.

*Verse 2*

Cadd9   |Am7
 And you say  I only hear what I want to.

|Dm7     Cmaj7
I don't listen hard, don't pay attention

   |Fsus2         C
To the distance that you're running to anyone, anywhere.

|Dm7     Cmaj7
I  don't understand if you really care.

  |Fsus2         |
I'm only hearing negative. No, no, no.

  |Dm7     C         |Dm7
So I,  I turned the radi - o on, I turned the radio up,

        C       |
And this woman was singing my song.

Dm7    C         |
Lovers in love and the others run away,

Dm7      C        |Dm7
Lover is crying 'cause the other won't stay.

       C
Some of us hover when we weep for the other

    |Dm7     C
Who was dying since the day they were born.

    |Dm7    C
Well, well,  this is not that.

            |Dm7  C
I think that I'm throwing, but I'm thrown.

   |Dm7
And I thought I'd live forever, but now I'm not so sure.

    |Fsus2
You try to tell me that I'm clever,

          |Dm7  Cmaj7  |Fsus2    ||
But that won't take me anyhow or anywhere  with  you.

**Verse 3**

```
Dm7            C
  You said that I was naïve,

  |Dm7            C              |Dm7
And    I thought that I was strong, oh.

                       C
I thought, "Hey I can leave, I can leave."

  |Dm7          C
Oh, but now I know that I was wrong

        |Fsus2          |Fm
'Cause I missed you.

        |Dm7      C   |Dm7       C
Yeah, ___ I missed you.

              |Dm7
You said, "You caught me 'cause you want me,

And one day you'll let me go."

      |Fsus2
You try to give away a keeper or keep me

                            |Dm7        Cmaj7   |Fsus2
'Cause you know you're just so   scared to lose.
```

**Outro**

```
              ‖Cadd9 |Am7     |Dm7  Cmaj7 |Fsus2      |Cadd9
And you say,          "Stay."

        Am7                    |Dm7   Cmaj7  |Fsus2     ‖
You say    I only hear what I want to.
```

# Steal My Kisses

Words and Music by
Ben Harper

G   C6   D6   F

**Intro**

‖: G    |C6    |D6    C6 |G    :‖

**Verse 1**

G                              |C6
I pulled in to Nashville, Tennes - see,
     |D6                              C6 |G
But you wouldn't even come around to see me.
     |                          |C6
And since you're heading up to Caro - lina,
     |D6                    C6 |G
You know I'm gonna be right there be - hind ya.

**Chorus 1**

          ‖G                              |C6
'Cause I always have to steal my kisses from you,
     |D6                    C6 |G        |
I always have to steal my kisses from you.
                              |C6
Always have to steal my kisses from ___ you,
     |D6                 C6    |G
I always have to steal my kisses from ___ you.

**Verse 2**

          ‖G                    |C6
Now I'd love to feel that warm southern rain.
     |D6                    C6  |G        |
Just to hear it fall is the sweetest sound - ing thing.
     |                          |C6
And to see it fall on your simple country dress,
     |D6                 C6 |G
It's like ___ heaven to me, I must con - fess.

**Chorus 2**          *Repeat Chorus 1*

**Interlude**      | **G N.C.**   |      |      |     **F** |
                | **G**   **F**   | **G**   **F**   | **G**   **F**   | **G**   **F N.C.**

**Verse 3**

       ‖ **G**                       | **C6**
Now I've been hanging 'round you for days
     | **D6**                    **C6** | **G**
But when I lean in you just turn your head ____ away.
       |              | **C6**
Whoa, ____ no, you didn't mean that.
           | **D6**                 **C6** | **G**
She said, "I love the way you think, but I hate the way you act."

**Chorus 3**

       ‖ **G N.C.**                    |
'Cause I always have to steal my kisses from you,
       |                     |     |
I always have to steal my kisses from you.
                        |
Always have to steal my kisses from ____ you,
       |                  |     |
I always have to steal my kisses from ____ you.
**G**                      | **C6**
Always have to steal my kisses from you,
 **D6**            **C6**  | **G**
I always have to steal my kisses from you.
 |                    | **C6**
I always have to steal my kisses from ____ you,
 | **D6**          **C6**   | **G**     ‖
I always have to steal my kisses from ____ you.

**Outro**     ‖: **G**     | **C6**    | **D6**   **C6** | **G**     :‖ *Repeat & fade*

# Sunny Came Home

Words and Music by Shawn Colvin
and John Leventhal

**Intro**

```
||: Bm*  Bsus2  | Bm*  Bsus2  :||
| Bm      A     | G    F#m | Bm   A  | D    A     |
| G#m7b5  A     | G    F#m | G    A  | Em(add9) ||
```

**Verse 1**

```
Bm              A        | G         F#m | Bm
   Sunny came home to her fav'rite room.
          A       | D    A    | G#m7b5
Sunny sat down in the kitchen.
          A       | G         F#m  | Em
She opened a book and a box of tools.
              Bm     | Gmaj7sus#4  Gmaj7
Sunny came home with a mission.
```

**Chorus 1**

```
              || D   A      | Em7  G
She says, "Days go by, I'm hyp - notized,
              | D   A    | Em7
I'm walk - ing on a wire.
              | D    A
I close my eyes
              | Em7  Bm    | E7    A
And fly out of my mind
              | Gmaj7      ||
Into the fire."
```

*Interlude 1*            |Bm A   |G  F#m |Bm A   |D  A    ‖

*Verse 2*

```
Bm              A        |D         A  |Bm
    Sunny came home with a list of names.
                    A      |D       F#m |G
She didn't believe in tran - scendence.
                    A      |Bm        A  |Em
"It's time for a few small re - pairs," she said,
                Bm         |Gmaj7sus#4  Gmaj7
But Sunny came home with a vengeance.
```

*Chorus 2*

```
                  ‖D    A   |Em7      G
She says, "Days go by, I don't know why
          |D    A    |Em7
I'm walk - ing on a wire.
      |D       A
I close my eyes
        |Em7  Bm     |E7      A
And fly out of my mind
          |Gmaj7
Into the fire."
```

*Bridge*

```
    ‖A     F#m   |G
Get   the kids and bring a sweater.
   |A     F#m   |G
Dry  is good and wind is better.
   |A      F#m   |G
Count the years you al - ways knew it.
   |A     F#m  |Gmaj7sus#4 A
Strike a match, go on and       do it.
```

*Chorus 3*

```
        ‖D      A       |Em7   G
```
Oh, days go by, I'm hyp - notized,
```
          |D      A    |Em7
```
I'm walk - ing on a wire.
```
      |D         A
```
I close my eyes
```
        |Em7   G     D |
```
And fly out of my mind
```
        A         |Em7
```
In - to the fire.
```
      |D      A       |Em7   G
```
Oh, light the sky and hold on tight,
```
        |D        A       |Em7
```
The world is burn - ing down.
```
        |D        A       |Em7
```
She's out there on her own
```
      Bm     |E7       A
```
And she's alright.
```
          |Gmaj7  |G♯m7♭5 |Bm      |E7
```
Sunny came home.
```
            |Bm*  Bsus2 |Bm*  Bsus2  |Bm*  Bsus2   |
```
Sunny came home.                      Mm.
```
Bm*  Bsus2 |Bm*  Bsus2 |Bm*  Bsus2  |Bm* |Bsus2  |Bm* |Bsus2  ‖
```
          Mm.

*Outro*
```
|Bm*  Bsus2 |Bm*  Bsus2 |Bm*  Bsus2  |Bm*  Bsus2  |
|Bm*  Bsus2 |Bm*  Bsus2 |Bm              ‖
```

# Sweet Creature

Words and Music by Harry Styles
and Thomas Hull

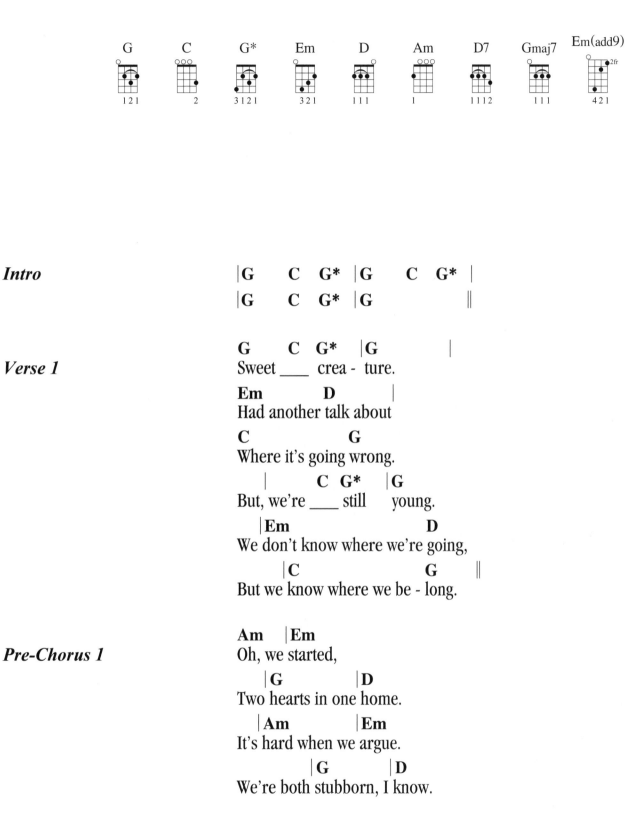

**Intro**

|G    C   G* |G    C   G* |

|G   C  G* |G               ‖

**Verse 1**

G     C  G* |G

Sweet ____ crea - ture.

Em        D |

Had another talk about

C          G

Where it's going wrong.

|        C G* |G

But, we're ____ still    young.

 |Em             D

We don't know where we're going,

    |C             G   ‖

But we know where we be - long.

**Pre-Chorus 1**

Am |Em

Oh, we started,

  |G       |D

Two hearts in one home.

 |Am      |Em

It's hard when we argue.

    |G      |D

We're both stubborn, I know.

**Chorus 1**

```
          ‖G  C    G*   |G
But oh, sweet crea -  ture,
C     G*    |G
Sweet crea - ture,
C     G*    |Am  G |D7      |
Wher - ev -  er   I   go,
                   |G
You bring me home.
C     G*    |G
Sweet crea - ture,
C     G*    |G
Sweet crea - ture,
      C   G    |Am  G |D7        |
When I   run   out  of  rope,
                        ‖
You bring me home.
```

**Interlude 1**

```
G     C  G*   |G         ‖
Oo, _____    oo.
```

**Verse 2**

```
G     C  G*   |G
Sweet ___ crea - ture,
      |Em              D
We're running through the garden,
         |C             G
Oh, where nothing bothered us.
      |     C  G*   |G
But we're ___ still    young.
 |Em          D
I always think a - bout you
         |C              G      ‖
And how we don't speak e - nough.
```

**Pre-Chorus 2**

```
Am    |Em
Oh, we started,
  |G          |D
Two hearts in one home.
  |Am                    |Em
An' oh, and it's hard when we argue.
         |G        |D
We're both stubborn, I know.
```

**Chorus 2**

*Repeat Chorus 1*

**Interlude 2**

```
Gmaj7      G  | Gmaj7      G  |
Oo, _____  oo. _____
Gmaj7      G  | Gmaj7      G  |
Oo, _____  oo. _____
Em(add9)  Em | Em(add9)  Em |
Oo, _____  oo. _____
Em(add9)  Em | Em(add9)  Em
Oo, _____  oo. _____
```

**Pre-Chorus 3**

```
  ‖ Am          | Em
And oh, when we started,
      | G          | D
Just two hearts in one home.
      | Am            | Em
It gets harder when we argue.
         | G          | D
We're both stubborn, I know.
```

**Chorus 3**

```
  ‖ G  C    G*   | G
But oh, sweet crea - ture,
C    G*   | G
Sweet crea - ture,
C    G*     | Am  G | D7        |
Wher - ev - er   I   go,
             | G
You bring me home.
C    G*   | G
Sweet crea - ture,
C    G*   | G
Sweet crea - ture,
       C  G   | Am  G  | D7       |
When I   run  out  of   rope,
                | G   C   G | Am  G | D7      |
You bring me home.
                  ‖
You bring me home.
```

**Outro**

```
| Gmaj7    G  | Gmaj7    G     |
| Gmaj7    G  | Gmaj7    G    ‖
```

# This Town

Words and Music by Niall Horan,
Michael Needle, Daniel Bryer
and Jamie Scott

A    F#m    Dmaj7sus2    D    E7    Bm    Amaj7    E

***Intro***　　　　　　|A          |　　　　‖

***Verse 1***

**A** 　　　　　　　　　　　|
Waking up to kiss you and nobody's there.
　|**F#m** 　　　　　　　|
The smell of your perfume still stuck in the air.
　|**Dmaj7sus2** |**D** 　　　‖
It's hard.

***Verse 2***

**A** 　　　　　　　　　　　|
Yesterday, I thought I saw your shadow runnin' 'round.
　|**F#m** 　　　　　　　　|
It's funny how things never change in this old town,
　|**Dmaj7sus2** |**D**
So far
　　　|**E7** 　　|　　‖
From the stars.

**Pre-Chorus 1**

Bm                          | E7
      And I wanna tell you ev'rything,
                | A
The words I never got to say
    Amaj7      | F♯m       | Bm
The first time a - round.
                | E7
And I remember ev'rything from when we were
  | A                       Amaj7     | F♯m
The children playing in this fairground.
                 | D          |
Wish I was there with you now.

**Chorus 1**

    ‖ F♯m
If the whole world was watching,
  |
I'd still dance with you;
    | Dmaj7sus2
Drive highways and byways
  |              |
To be there with you.
A              |
Over and over, the only truth:
 | F♯m       E
Ev' - ry - thing comes
 | A    | D          | F♯m
Back to you
    E   A |        |
Mm. ___

**Verse 3**

    ‖ A                      |
I saw that you moved on with someone new.
    | F♯m                    |
In the pub that we met, he's got his arms around you.
    | Dmaj7sus2 | D
It's so hard,
 | E7       |         ‖
So hard.

**Pre-Chorus 2**                    *Repeat Pre-Chorus 1*

**Chorus 2**

```
              ‖F♯m
'Cause if the whole world was watching,
    |
I'd still dance with you;
       |Dmaj7sus2
Drive highways and byways
    |                   |
To be there with you.
A                    |
Over and over, the only truth:
  |F♯m        E
Ev' - ry - thing comes
   |A      |D
Back to you.
     |A
You still make me nervous
            |
When you walk in the room.
       |F♯m
Them butterflies, they come alive
       |                  |
When I'm next to you.
Dmaj7sus2          |
Over and over, the only truth:
   |F♯m   E
Ev - 'rything comes
   |A      |D          |F♯m
Back to you.
      E    A    |         |          ‖
Mm. ___
```

**Bridge**

```
F♯m                              |Amaj7
     And I know that it's wrong
                   |A
That I can't move on,
                            |D          |
But there's somethin' 'bout you.
```

*Chorus 3*

    ‖**F♯m**
'Cause if the whole world was watching,

  |
I'd still dance with you;

    |**Dmaj7sus2**
Drive highways and byways

  |
To be there with you.

**A**          |
Over and over, the only truth:

  |**F♯m**    **E**
Ev' - ry - thing comes

   |**A**   |**D**
Back to you.

   |**A**
You still make me nervous

     |
When you walk in the room.

    |**F♯m**
Them butterflies, they come alive

    |        |
When I'm next to you.

**Dmaj7sus2**    |
Over and over, the only truth:

  |**F♯m**  **E**
Ev - 'rything comes

  |**A**  |**D**    |**F♯m**
Back to you.

   **E**  **A**  |      |
Mm. ___

  |**F♯m**  **E**
Ev - 'rything comes

  |**A**  |**D**    |**F♯m**
Back to you.

   **E**  **A**  |   |   |   ‖
Mm. ___

# Tom's Diner

Music and Lyrics by
Suzanne Vega

F#m(add9)    F#m      E6

2 1 4        2 1 3    4 4 4 4

**Chorus 1**

|N.C.
Da, da, da, da, da, da, da, da,

|
Da, da, da, da, da, da, da, da.

‖:F#m(add9)
Da, da,  da, da, da, da, da, da,

|F#m                                    :‖ *Play 5 times*
Da, da, da, da, da, da, da, da. Da, da,

F#m(add9)
Da, da, da, da, da, da,

|F#m
Da, da, da, da, da, da, da, da.


**Verse 1**

‖N.C.                          |
I am sitting in the morning at the diner on the corner,

|                    |
I am waiting at the counter for the man to pour the coffee,

|                    |
And he fills it only half way and be - fore I even argue

|                         |
He is looking out the window at some - body coming in.

*Chorus 2*

           ‖ **F♯m(add9)**
Da, da, da, da, da, da, da, da,
        | **F♯m**
Da, da, da, da, da, da, da, da.
        | **F♯m(add9)**
Da, da, da, da, da, da, da, da,
        | **F♯m**
Da, da, da, da, da, da, da, da.

*Verse 2*

      ‖ **N.C.**             |
"It is always nice to see you," says the man behind the counter,

       |              |
To the woman who has come in. She is shaking her umbrella.
**E6**  | **C♯m**      **N.C.**     |
And I look the other way as they are kissing their hellos.
**E6**       | **F♯m**           | **N.C.**
And I'm pre - tending not to see them, and in - stead I pour the milk.

*Chorus 3*

*Repeat Chorus 2*

*Verse 3*

      ‖ **N.C.**          |
I open up the paper. There's a story of an actor

       |              |
Who had died while he was drinking, it was no one I had heard of.
**E6**  | **F♯m**      **E6**    | **F♯m**
And I'm turning to the horo - scope and looking for the funnies,
**E6**  | **F♯m**         **E6**  | **F♯m**
But I'm feeling someone watching me and so I raise my head.

*Chorus 4*

      ‖: **F♯m(add9)**
Da, da,  da, da, da, da, da, da,
     | **F♯m**               :‖ *Play 3 times*
Da, da, da, da, da, da, da, da. Da, da,
**F♯m(add9)**
Da, da, da, da, da, da,
     | **F♯m**          **E6** | **F♯m**
Da, da, da, da, da, da, da, da.

*Verse 4*

‖**N.C.**       |

There's a woman on the outside looking inside.

          |

Does she see me? No, she does not really see me,

    |

'Cause she sees her own reflection.

**E6**    |**F♯m**      **N.C.**        |

And I'm trying not to notice that she's inching up her skirt.

**E6**        |**F♯m**      **N.C.**      |

And while she's straightening her stockings, her hair has gotten wet.

*Chorus 5*

‖ **F♯m(add9)**

Da, da, da, da, da, da, da, da,

  |**F♯m**

Da, da, da, da, da, da, da, da.

  |**F♯m(add9)**

Da, da,  da, da, da, da, da, da,

   |**F♯m**          |         |

Da, da, da, da, da, da, da, da.

*Verse 5*

‖**N.C.**       |

Oh, this rain, it will continue through the morning

         |          |     |**F♯m(add9)**

As I'm list'ning to the bells of the cathedral.

**N.C.** |          |     |

I am thinking of your voice.

***Outro-Chorus***

‖:**F♯m(add9)**

Da, da,  da, da, da, da, da, da,

  |**F♯m**             :‖ *Play 3 times*

Da, da, da, da, da, da, da, da. Da, da,

**F♯m(add9)**

Da, da, da, da, da, da,

  |**F♯m**

Da, da, da, da, da, da, da, da.

**E6**    ‖:**F♯m**

Da, da,  da, da, da, da, da, da,

**E6**    |**F♯m**         **E6**    :‖ *Repeat & fade*

Da, da, da, da, da, da, da, da. Da, da,

# Trouble

Words and Music by
Ray LaMontagne

G    C    D    Dsus4    F    Am7

132    3    111    112    2 1

D7    D7sus4    D9    Bm    Am

1112    1122    1312    3111    2

**Intro**    ‖: G        C        |G            D  Dsus4 D :‖ *Play 4 times*

**Verse 1**

G            |D   |G            |C                    |G
    Trouble, ___   trouble, trouble, trouble, trouble.
          |D
Trouble been doggin' my soul
         |C            |G        D  Dsus4 D |G
Since the day I was born, ah.
       |D  |G        |C                |G
Worry, ___   worry, worry, worry, worry.
         |D                    |C        |G  D
Worry just will not seem to leave my mind alone.

**Chorus 1**

       N.C.      ‖G        |        |C            |F  C
Well, I've been, uh, saved ___ by ___ a woman.
         |G        |        |C        |F  C
I've been, uh, saved ___ by ___ a woman.
         |G        |        |C        |F  C
I've been, uh, saved ___ by ___ a woman.
       |Am7            |
She won't let me go,
       |D7            |D7sus4  D7      D9
She won't let me go, now.
       |Am7            |
She won't let me go.
       |D7        |      D9      ‖
She won't let me go now, now.

**Interlude**  ‖: G       C       |G       D   Dsus4 D :‖

*Verse 2*

G      |D   |G      |C         |G
    Trouble, ___ oh, ___ trouble, trouble, trouble, trouble.

        |D
Feels like ev'ry time I get back on my feet,

        |C           |G      D   Dsus4 D |G
She come around and knock me down a - gain.

     |D   |G   |C          |G
Worry, ___ oh, ___ worry, worry, worry, worry.

       |D            |C         |G   D
Sometimes I swear it feels like this worry ___ is my only friend.

*Chorus 2*

     N.C.     ‖G      |     |C      |F   C
Well, I've been, uh, saved ___ by ___ a woman.

       |G      |     |C      |F   C
I've been, uh, saved ___ by ___ a woman.

       |G      |     |C      |      G
I've been, uh, saved ___ by ___ a woman.

      |Am7          |
She won't let me go,

      |D7           |D7sus4   D7     D9
She won't let me go, now.

      |Am7          |
She won't let me go,

      |D7           |          ‖
She won't let me go now, now.

**Bridge**

```
    C     |Bm  |Am  |G   |C
     Oh, ___      ah, ___
    |Bm  |Am
Oh. ___
         |G    C  |G        C
Mm, she good ___ to me, now.
           |G   C         |G    C
She give me love ___ and af - fection.
         |G    C  |G        C
Say she good ___ to me, now.
           |G   C         |G    C
She give me love ___ and af - fection.
         |G     C  |G      C
I said, I love her.    Yes, I love her.
         |G     C      |G  C
I said, I love her.    I said, I love.
    |G    C  |G        C
She good ___ to me, now.
    |G        C   |G        C   ‖
She good to me.    She good to me.
```

**Outro**

```
G   C  |G   C  |G
Mm, _____ mm, __
C   |G   C  |G   C  |G      |       ‖
Mm, ___ mm. __
```

# Torn

Words and Music by Phil Thornalley,
Scott Cutler and Anne Previn

**Intro**  |F  |Fsus4  |F  |Fsus2  ‖

**Verse 1**

F  |  |Am
    I thought I saw a man brought to life.

|
He was warm, he came around

|Bb7
Like he was dig - nified.

|  ‖
He showed me what it was to cry.

**Verse 2**

F  |  |Am
    Well, you couldn't be that man I adored.

|
You don't seem to know, seem to care

|Bb7  |
What your heart is for.

I don't know him anymore.

**Pre-Chorus 1**

‖Dm  |C
There's nothin' where he used to lie.

|Am
My conversation has run dry.

|C
That's what's going on.

Nothing's fine.

*Chorus 1*

‖ **F**
I'm torn.

| **C**
I'm all out of faith,

| **Dm**
This is how I feel.

| **B♭maj7sus2**
I'm cold and I am shamed

| **F**
Lying naked on the floor.

| **C**                          | **Dm**
Illusion never changed into something real.

I'm wide awake
| **B♭maj7sus2**              | **F**
And I can see the perfect sky is torn.

| **C**
You're a little late,

| **Dm**         | **B♭maj7sus2** ‖
I'm already torn.

*Verse 3*

**F**            |                              | **Am**
    So, I guess the fortune teller's right.

|
I should've seen just what was there

| **B♭7**
And not some holy light.

|
But you crawled beneath my veins.

*Pre-Chorus 2*

‖ **Dm**                          | **C**
And now, I don't care, I have no luck.

| **Am**
I don't miss it all that much.

| **C**
There's just so many things

That I can't touch.

*Chorus 2*

      **‖F**
I'm torn

        **|C**
I'm all out of faith,

        **|Dm**
This is how I feel.

          **|B♭maj7sus2**
I'm cold and I am shamed

        **|F**
Lying naked on the floor.

        **|C**           **|Dm**
Illusion never changed into something real.

I'm wide awake

  **|B♭maj7sus2**      **| F**
And I can see the perfect sky is torn.

       **|C**
You're a little late,

      **|Dm**    **|B♭maj7sus2**  **|**
I'm already torn.

**Dm**    **|B♭maj7sus2** **‖**
Torn.

*Interlude*

**Dm**     **|**      **|F**     **|C**
Oo, _____ oo. _____

*Pre-Chorus 3*

   **‖ Dm**              **|C**
There's nothing where he used to lie.

            **|Am**
My inspiration has run dry.

        **|C**
That's what's going on.

Nothing's right.

**Chorus 3**

```
           ‖ F
I'm torn.
                    | C
I'm all out of faith,
                    | Dm
This is how I feel.
                              | B♭maj7sus2
I'm cold and I am shamed
                         | F
Lying naked on the floor.
                    | C                    | Dm
Illusion never changed into something real.

I'm wide awake
     | B♭maj7sus2            | F
And I can see the perfect sky is torn.
                    | C
I'm all out of faith,
                    | Dm
This is how I feel.
                         | B♭maj7sus2
I'm cold and I'm ashamed,
                              | F
Bound and broken on the floor.
                    | C
You're a little late.
                    | Dm       | B♭maj7sus2 |
I'm already torn.
Dm          | C          | Csus4  ‖
Torn.                      Oh.
```

**Outro**        ‖: F        | C        | Dm        | B♭maj7sus2 :‖ *Repeat & fade*

# The Way I Am

Words and Music by
Ingrid Michaelson

F　　　Bb　　　Dm　　　C　　　Db　　　Bbmaj7
2 1　　3 2 1 1　　2 3 1　　　4　　1 1 1 4　　3 2 1

Dm7　　　Bb6　　　Db6　　　D°7　　　Db7
2 3 1 4　　2 1 1　　1 1 1 1　　1 3 2 4　　1 1 1 2

***Intro***

| F　　　|Bb　　|Dm　　|C　　　　|
| F　　　|Bb　　|Dm　　|C　　　　‖

***Verse 1***

　　　F　　　　　　|Bb　　　|Dm
　　If you were fall - ing,
　　　　　　　　　|C　　　|F
　　Then I would catch you.
　　　　　　　　　|Bb　　　|Dm
　　You need a light,
　　　　　　　　　|C
　　I'd find a match.

***Chorus 1***

　　　　　‖Bb　　|C
　　'Cause I　　　love
　　　|F　　　　　　|Dm
　　The way you say good morning.
　　　|Bb　　　　|
　　And you
　　Db　　　　　　|F　　　|　　　‖
　　Take me the way I am.

*Verse 2*

```
     F              |B♭maj7  |Dm7
       If you are chilly,
               |C          |F
Here, take my sweater.
               |B♭maj7   |Dm7
Your head is aching,
           |C
I'll make it better.
```

*Chorus 2*

```
         ‖B♭      |C
'Cause I        love
      |F             |Dm
The way you call me "baby."
     |B♭6        |
And you
D♭6               |F       |       |        |        ‖
Take me the way I am.
```

*Verse 3*

```
     F              |B♭maj7  |Dm7
       I'd buy you Ro - gaine
                 |C          |F
When you start losing all your hair.
       |B♭maj7        |Dm7
Sew on patches
           |C
To all you tear.
```

*Chorus 3*

```
         ‖B♭      |C
'Cause I        love you more
      |F          |Dm
Than I could ever promise.
     |B♭6         |
And you
D♭6              |Dm      |C        |
Take me the way I    am.
B♭6          |
You
D♭6              |Dm       |D°7       |
Take me the way I    am.
B♭maj7       |
You
D♭7         C  |F              ‖
Take me the way I am.
```

# What I Am

Words and Music by Brandon Aly,
Edie Brickell, John Bush,
John Houser and Kenneth Withrow

Bsus2　　Dsus2　　Asus2　　Em　　D

**Intro**

| Bsus2　Dsus2 | Asus2　Bsus2 |
|　　　　Dsus2 | Asus2　Bsus2 ‖

**Verse 1**

Bsus2　　　　Dsus2
I'm not aware of too many things,
| Asus2　　　　Bsus2　　　| Dsus2 |
I know what I know, if you know what I mean.
Asus2　　　　Bsus2 ‖

**Verse 2**

Bsus2　　　　Dsus2
I'm not aware of too many things,
| Asus2　　　　Bsus2　　　| Dsus2 |
I know what I know, if you know what I mean.
Asus2　　　　Bsus2

**Verse 3**

‖ Bsus2　Dsus2 | Asus2　　　　Bsus2
Philosophy　　　　　　is the talk on a cereal box.
|　　Dsus2 | Asus2　　　Bsus2 ‖
Reli - gion　is the smile on a dog.

**Verse 4**

Bsus2　　　　Dsus2
I'm not aware of too many things,
| Asus2　　　　Bsus2　　　| Dsus2 |
I know what I know, if you know what I mean,　　D. do ya?
Asus2　　　　Bsus2 ‖

**Pre-Chorus 1**

Em　　　　|D
Choke me in the shallow water,
| Em　　　|D　　‖
Be - fore I get too deep.

**Chorus 1**

Bsus2     Dsus2
What I am is what I am,
    | Asus2         Bsus2    |
Are you what you are or what?
          Dsus2
What I am is what I am,
    | Asus2        Bsus2
Are you what you are or…

**Verse 5**

   ‖ Bsus2     Dsus2
Oh, I'm not aware of too many things,
 | Asus2         Bsus2      |      Dsus2 |
I know what I know, if you know what I mean.
Asus2        Bsus2

**Verse 6**

   ‖ Bsus2  Dsus2 | Asus2       Bsus2
Philosophy          is a walk on the slippery rocks.
   |    Dsus2 | Asus2   Bsus2     ‖
Reli - gion    is a light in the fog.

**Verse 7**

*Repeat Verse 4*

**Pre-Chorus 2**

‖: Em        | D
  Choke me in the shallow water,
  | Em       | D      :‖
Be - fore I get too deep.

**Chorus 2**

‖: Bsus2    Dsus2
  What I am is what I am,
    | Asus2        Bsus2   :‖
Are you what you are or what?
        Dsus2
What I am is what I am,
    | Asus2      Bsus2      |
Are you what you are or what you are is…
        Dsus2
What I am is what I am,
    | Asus2   Bsus2    ‖
Are you what you or ___ what?

**Pre-Chorus 3**

```
|Em                              |D
                        Ha, la, da, da.
 |Em
I say, I say, I say,
 |D                                    ‖
I do. Hey, hey, hey, hey, hey, hey.
```

**Guitar Solo**

‖: Bsus2   Dsus2   |Asus2   Bsus2   :‖ *Play 8 times*

**Pre-Chorus 4**

*Repeat Pre-Chorus 2*

**Pre-Chorus 5**

```
‖: Bsus2          Dsus2
   Choke me in the shallow water,
    |Asus2           Bsus2    :‖
Be - fore I get too deep.
                  Dsus2
Choke me in the shallow water,
    |Asus2         Bsus2  |      Dsus2   |Asus2
Be - fore I get too ___          deep.
Bsus2                   |
  Don't let me get too deep.
Dsus2                |Asus2
  Don't let me get too deep.
Bsus2                   |
  Don't let me get too deep.
   Dsus2          |Asus2      Bsus2   ‖
Don't let me get too ___ deep.
```

**Chorus 3**

*Repeat Chorus 2*

**Outro**

‖: Bsus2   Dsus2   | Asus2   Bsus2   :‖ *Repeat & fade*

# Who Will Save Your Soul

Words and Music by
Jewel Murray

Am    Cadd9    G    Dsus4    D    Em

**Intro**
| Am        | Cadd9 | G        D | Dsus4    D ‖

**Verse 1**
Am                                          | Cadd9
   People living their lives for you on TV,
               | G        | Dsus4    D | Am
They say they're   better than you and   you agree.
                          | Cadd9
He says, "Hold my calls," from behind those cold brick walls.
         | G                  | Dsus4    D | Am
Says,    "Come here, boy, there ain't nothing for free."
                      | Cadd9                 | G
Another doctor's bill, a lawyer's bill, another cute, cheap thrill.
                       | Dsus4         D     ‖
*You know you love him* if you put him in your will, but…

**Chorus 1**
Am       | Cadd9         | G
   Who  will  save ____ your souls
        | Dsus4      D   | Am
When it comes to the flowers, now?
           | Cadd9          | G
Who, ____ who ____ will save your souls
          | Dsus4     D   | Am
*After those lies that you told, boy?*
          | Cadd9        | G
And who will  save _____ your souls
        | Dsus4     D   ‖
If you won't   save your own?

*Interlude 1*

```
Am                      |
La, da, da, da, di, da, da,
Cadd9        |G      |Dsus4  |D      ‖
Da, da, da, ya, di.
```

*Verse 2*

```
Am                              |Cadd9
  We try to hustle them, try to bustle them, try to cuss them.
  |G                                    |Dsus4      D  |Am
The cops want *someone to bust down on* Orleans Avenue.
                    |Cadd9
Another day, another dollar, another war,
    |G                          |Dsus4            D  |Am
Another tower went up where the homeless had their homes.
                      |Cadd9              |G
So we pray to as many diff'rent gods as there are flowers,
      |Dsus4        D  |Am
But we call re - ligion our friend.
                        |Cadd9
We're so worried about a saving our souls,
        |G                          |Dsus4      D     ‖
Afraid that God will take His toll, that we for - get to begin, but…
```

*Chorus 2*

```
Am          |Cadd9              |G
  Who  will  save ____ your souls
            |Dsus4        D  |Am
When it comes to the betters, now?
            |Cadd9              |G
Who, ____ who ____ will save your souls
            |Dsus4        D  |Am
*After those lies that you told, boy?*
            |Cadd9          |G
And who will  save ____ your souls
        |Dsus4        D  |
If you won't     save your own?
```

*Interlude 2*

**Am** |
La, da, da, da, di, da, da,

**Cadd9**     |**G**    |**Dsus4**   **D**    |
Da, da, da, ya, di.

**Em**     |    |    |   ‖

*Verse 3*

**Am**                   |**Cadd9**            |**G**
    Some are walk - ing, some are talk - ing, some are stalk - ing their kill.

                    |**Dsus4**
*Got Social Security, but it doesn't pay your bills.*

**D**        |**Am**              |**Cadd9**
*There are* ad - dictions to feed and there are    mouths to pay,

        |**G**             |**Dsus4**
So you bargain with the devil, but you're O - K for today.

**D**  |**Am**            |**Cadd9**
Say    that you love them, take their money and run.

        |**G**          |**Dsus4**   **D**    |**Am**
Say "It's been swell, sweetheart, but it was    just one of those things,

           |**Cadd9**
Those flings, those strings you    got to cut,

      |**G**           |**Dsus4**   **D** |**Am**
So get out    on the streets, girls, and bust your ____ butts."

*Chorus 3*

      |**Am**  **Cadd9**   |**G**
Who will    save _____

      |**Dsus4**  **D**  |**Am**      |**Cadd9**       |**G**
Your _____ soul?

      |**Dsus4**        **D**     |
Baby, come, ____ little ba - by, yeah.

*Outro*

‖: **Am**         |**Cadd9**        |
|**G**           |**Dsus4**  **D**   :‖ *Repeat & fade*
                                    *w/ lead vocal ad lib.*

# Wonderwall

Words and Music by
Noel Gallagher

F#m7    A    Esus4    B7sus4    Dsus2    D    E

*Intro*

‖: F#m7   A    | Esus4   B7sus4 :‖ *Play 4 times*

*Verse 1*

F#m7              A
  Today is gon - na be the day
        | Esus4              B7sus4      | F#m7
That they're gonna throw it back to you.
             A
By now you should have somehow
  | Esus4         B7sus4             |
Real - ized what you gotta do.
F#m7              A           |
I don't believe that anybody
Esus4      B7sus4        | Dsus2   Esus4 | B7sus4        ‖
Feels the way I do about you now.

*Verse 2*

F#m7                    A
  Backbeat, the word is on the street
    | Esus4              B7sus4         | F#m7
That the fire in your heart is out.
           A
I'm sure you've heard it all before,
  | Esus4            B7sus4          |
But you never really had a doubt.
F#m7             A           |
I don't believe that anybody
Esus4      B7sus4         | F#m7 A   | Esus4   B7sus4
Feels the way I do about you now.

*Pre-Chorus 1*

```
      ‖D              E              |F#m7
```
And all the roads we have to walk are winding,
```
       |D              E              |F#m7            |
```
And all the lights that lead us there are blinding.
```
D              E              |
```
There are many things that I would
```
A      E      F#m7  A              |B7sus4            |
```
Like to say to you, but I don't know how.


*Chorus 1*

```
           ‖Dsus2   F#m7  |A
```
Because maybe
```
         F#m7            |Dsus2   F#m7  |A
```
You're gon - na be the one that saves me.
```
    F#m7 |Dsus2   F#m7  |A
```
And after all
```
         F#m7      |Dsus2   F#m7  |
```
You're my wonderwall.
```
|A   F#m7 |              |              ‖
```


*Verse 3*

```
   F#m7              A
```
   Today was gon - na be the day,
```
       |Esus4              B7sus4      |F#m7
```
But they'll never throw it back to you.
```
                   A
```
By now you should have somehow
```
      |Esus4              B7sus4            |
```
Real - ized what you're not to do.
```
F#m7              A          |
```
I don't believe that anybody
```
Esus4      B7sus4      |F#m7  A      |Esus4  B7sus4
```
Feels the way I do about you now.

**Pre-Chorus 2**

```
    ‖D              E                    |F#m7
And all the roads that lead you there were winding,
      |D            E                |F#m7          |
And all the lights that light the way are blinding.
D             E              |
There are many things that I would
A      E     F#m7  A           |B7sus4          |
Like to say to you, but I don't know how.
```

**Chorus 2**

```
        ‖Dsus2      F#m7  |A
I said maybe
             F#m7            |Dsus2   F#m7  |A
You're gon - na be the one that saves me.
     F#m7 |Dsus2    F#m7  |A
And after all
            F#m7     |Dsus2   F#m7  |A      F#m7
You're my wonderwall.
```

**Chorus 3**

*Repeat Chorus 2*

**Chorus 4**

```
        ‖Dsus2      F#m7  |A
I said maybe
             F#m7            |Dsus2   F#m7  |A
You're gon - na be the one that saves me.
             F#m7            |Dsus2   F#m7  |A
You're gon - na be the one that saves me.
             F#m7            |Dsus2   F#m7  |A   F#m7        ‖
You're gon - na be the one that saves me.
```

**Outro**

```
‖:Dsus2    F#m7  |A       F#m7    :‖ Play 3 times
|Dsus2    F#m7  |A      F#m7         ‖
```

# You Learn

Lyrics by Alanis Morissette
Music by Alanis Morissette and Glen Ballard

Gsus4    G    Fsus4    F    Cadd9    Dsus²₄    Em7    Dsus4    B♭

**Intro**

|Gsus4  G |Fsus4    F        |
Oo, ___    oo, ___ ow.

|Gsus4  G | Fsus4   F        ‖
Oo.

**Verse 1**

|Gsus4  G         |Fsus4
I ___ recom - mend

                F                    |Gsus4  G
Gettin' your heart trampled on to anyone,

|Fsus4  F     |Gsus4
Yeah,        oh.

    G         |Fsus4
I ___ recom - mend

                F                    |Gsus4  G |Fsus4
Walkin' a - round naked in your livin' room,

F          ‖
Yeah.

**Pre-Chorus 1**

Cadd9        |Dsus$_4^2$               |Cadd9
      Swallow it down. (What a jagged little pill.)

            |Dsus$_4^2$               |Cadd9
It feels so good (Swimmin' in your stomach.)

              |Dsus$_4^2$    ‖
Wait until the dust settles.

**Chorus 1**

G            |Em7
    You live, you learn.

              |Dsus4
You love, you learn.

              |Cadd9
You cry, you learn.

              |G5
You lose, you learn.

              |Em7
You bleed, you learn.

              |Dsus4     |Cadd9
You scream, you learn.

**Verse 2**

     ‖ Gsus4    G        |Fsus4
Oh, oh.       I ___ recom - mend

             F                   |Gsus4    G
Biting off more than you can chew to anyone.

 |Fsus4          F        |Gsus4
I ___ certainly do, ___ oh.

    G       |Fsus4
I ___ recom - mend

            F               |Gsus4   G     |Fsus4
Stickin' your foot in your mouth at any time.

F       ‖
Feel free.

**Pre-Chorus 2**

Cadd9         |Dsus$_4^2$                      |Cadd9
      Throw it down. (The caution blocks you from the wind.)

        |Dsus$_4^2$        |Cadd9
Hold it up (To the rays.)

             |Dsus$_4^2$          ‖
You wait and see when the smoke clears.

**Chorus 2**

G            |Em7
You live, you learn.

          |Dsus4
You love, you learn.

          |Cadd9
You cry, you learn.

          |G
You lose, you learn.

          |Em7
You bleed, you learn.

          |Dsus4    |Cadd9     ||
You scream, you learn.         Oh, oh.

**Interlude**

‖: B♭   C   G             :‖ *Play 8 times w/ voc. ad lib.*

**Pre-Chorus 3**

Cadd9   |Dsus²₄               |Cadd9
Wear it out, (The way a three-year-old would do.)

      |Dsus²₄              |Cadd9
Melt it down, (You're gonna have to eventually any - way.)

      |Dsus²₄          ||
The fire trucks are comin' up around the bend.

**Chorus 3**

*Repeat Chorus 1*

**Outro-Chorus**

G            |Em7
You grieve, you learn.

          |Dsus4
You choke, you learn.

          |Cadd9
You laugh, you learn.

          |G
You choose, you learn.

          |Em7
You pray, you learn.

          |Dsus4
You ask, you learn.

          |Cadd9    |        |       ||
You live, you learn.

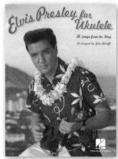